税务会计实训丛书

财产行为税业务实训

张　彤　主编

北京大学出版社
PEKING UNIVERSITY PRESS

内 容 简 介

本书根据我国最新税法，分别介绍了印花税、房产税、契税、车船税、车辆购置税、城市维护建设税六个税种的基本税制，具体包括纳税人的规定、各税税额的计算、税收优惠、纳税申报、会计处理以及节税技巧等内容。

本书适用于企业税务会计人员，同时也可以作为干部税收业务的培训教材。

图书在版编目(CIP)数据

财产行为税业务实训/张彤主编. —北京：北京大学出版社，2012.1
(税务会计实训丛书)
ISBN 978-7-301-19885-8

Ⅰ.①财… Ⅱ.①张… Ⅲ.①财产税－税收管理－中国 Ⅳ.①F812.424

中国版本图书馆 CIP 数据核字(2011)第 256689 号

书　　名：财产行为税业务实训
著作责任者：张　彤　主编
责 任 编 辑：李　玥
标 准 书 号：ISBN 978-7-301-19885-8/F・2991
出 版 发 行：北京大学出版社
地　　址：北京市海淀区成府路 205 号　100871
网　　址：http://www.pup.cn
电 子 信 箱：zyjy@pup.cn
电　　话：邮购部 62752015　发行部 62750672　编辑部 62765126
出版部 62754962
印 刷 者：河北滦县鑫华书刊印刷厂
经 销 者：新华书店
650 毫米×980 毫米　16 开本　13.75 印张　335 千字
2012 年 1 月第 1 版　2012 年 1 月第 1 次印刷
定　　价：28.00 元

税务会计实训丛书编委会

前　言

为适应全国税务系统岗位专业知识和技能培训的需要，不断提高广大税务人员及企业办税人员的业务素质，对财产行为税的各个税种进行详细解析，通过例题解析来帮助读者更好地了解各个税种的业务流程，由此，我们编写了《财产行为税业务实训》一书。

本书根据最新的税收法规和财产行为税的相关法规和准则，根据财产行为税的特点，全面、系统地阐述了财产行为税的基本理论，详细地介绍了我国现行税制下各个税种的会计处理方法，对我国现行的财产行为税各个税种的税务会计操作实务进行了全面、系统的阐述。

本书在编写上采用理论联系实际的方法，将理论性与实践性有机结合。理论阐述上紧扣我国税法和财产行为税的最新变化，并将税收优惠政策加入内容中，以便于读者更好地把握政策，通过税收优惠进行合理节税；实务操作上重点突出，对财产行为税的理论提高和实务操作有较强的指导性。为了方便读者自学，每一节都附有实战训练，让读者学会运用财产行为税的理论和方法，针对相应的涉税行为进行思考与分析，以提高读者自主研究的兴趣。

全书在编写过程中突出体现了如下特点。

第一，读者对象定位明确，针对企业税务会计人员。

第二，真正站在税务会计人员的立场上，想税务会计人员之所想，根据税务会计人员的特点和需要来设计体例和取舍内容，相较于政府部门宣称、普及税法的角度，更注重实用性、专业性。

第三，文字简洁、通俗易懂、短小精悍，用丰富的实例来讲解，避免晦涩难懂，使税务会计人员在有限的时间和精力里，获取应知应会的全面知识。

因时间仓促以及编者水平有限，书中难免有不足之处，恳请广大读者热心指点，以便做进一步修改和完善。

编　者

2011.7

目　录

第1章

印 花 税

1.1 印花税概述

要 点

印花税是对经济活动和经济交往中书立、使用、领受具有法律效力的凭证的单位和个人征收的一种税。印花税的征收以凭证为根据，不考虑一种权利的创设及转移书立的是何种凭证，以及是否产生收益。印花税实行一证一税原则，凡已足额粘贴印花的凭证，不再缴纳印花税，只有未粘贴印花或粘贴印花不足的凭证，需要缴纳印花税；印花税实行一票一用，用错不纠原则，凡已使用过的印花税票，不得重新使用，多粘贴税票的，不予退还。

解 释

◆ 印花税的特点

1. 兼有凭证税和行为税性质

印花税是对单位和个人书立、领受的应税凭证征收的一种税，具有凭证税性质。同时，任何一种应税经济凭证反映的都是某种特定的经济行为。因此，对凭证征税，实质上是对经济行为的课税。

2. 征税范围广泛

印花税的应税凭证涉及实际经济活动的各个方面，凡税法列举的合同或具有合同性质的凭证、产权转移书据、营业账簿及权利、许可证照等，都必须依法纳税。

3. 税负轻

印花税最高税率为1‰，最低税率为0.03‰，按定额税率征税的，每件5元。与其他税种相比，印花税的税率要低很多，税负也就相应轻一些。

4. 由纳税人自行完成纳税义务

纳税人通过自行计算、购买并粘贴印花税票的方法完成纳税义务，并在印花税票和凭证的骑缝处自行盖戳注销或画销。这与其他税种的缴纳方法有较大区别。

◆ 印花税的类型

1. 商事凭证印花税和人事凭证印花税

以应税凭证的范围为标准，可将印花税划分为商事凭证印花税和人事凭证印花税两种类型。商事凭证印花税是对商事活动中所书立或使用的货票、银行收据、账单、货物运输合同、购销合同等各种经济类凭证征收的印花税。人事凭证印花税是对人事活动中所书立或使用的聘书、婚姻证书、毕业证书、出国护照等非经济类凭证征收的印花税。历史上，西方国家曾征收过人事凭证印花税，目前，世界典型国家的印花税基本上属于商事凭证印花税。中国现行印花税也属于商事凭证印花税，对所征税的凭证采用列举方式确定。

2. 分类印花税和综合印花税

以计税方法为标准，可将印花税划分为分类印花税和综合印花税两种类型。分类印花税是对应税凭证按其不同性质或特点进行分类，对不同凭证采用不同的税率征税。综合印花税是对应税凭证不做具体分类，对各种凭证或各大类凭证按统一标准征收。目前，世界典型发达国家或地区的印花税，如英国、日本等基本上属于综合印花税。中国现行印花税则属于分类印花税，对各种合同、产权转移书据及权利许可证照等采用不同标准分别征税。

◆ 印花税的立法原则

印花税自 1624 年产生后，很快风靡全世界，因为它具有一般税收所具有的许多共同特点和功能。我国现阶段开征印花税仍然具有十分重要的作用，其立法原则主要表现在以下五个方面。

1. 广集财政收入

印花税税负很轻，但征收面广，可以积少成多，为国家建设积累更多的建设资金。

2. 促进我国经济法制化建设

在各种应税经济凭证上粘贴印花税票，是完备应税经济凭证法律手续的重要方面。而且，根据印花税的规定，发放或办理各种应纳税印花税凭证的单位负有监督纳税的义务。这样，可以配合各种经济法规的实施，逐步提高经济合同的兑现率，促使经济交往中的各方依法办事，推进我国的经济法制建设。

3. 培养公民的依法纳税观念

印花税实行由纳税人自行完税、税务机关检查的征纳方法，可以督促纳税人养成自觉纳税的习惯。

4. 维护我国涉外经济权益

在世界各国普遍征收印花税的背景下，开征印花税有助于保护我国纳税人在经济交往中的合法权益。

5. 加强对其他税种的监督管理

经济单位或个人的应税凭证是该单位或个人经济活动的反映，通过对各种应税凭证的贴花和检查，税务机关可以掌握经济活动中的真实情况，进行印花税和其他税种的交叉稽核检查，有利于加强对其他税种的监督管理。

◆ 我国印花税改革的政策取向

1. 现行印花税存在的问题

(1) 印花税的税目与其确定基础不一致，不能全面反映经济活动的特点

现行印花税列举的税目主要有五大类：合同或具有合同性质的凭证、产权转移书据、营业账簿、权利许可证照、其他凭证。其中，合同可以说是最重要的课税对象，而《合同法》是规范合同的最主要法律。因此，《合同法》与印花税税目息息相关，是确定印花税税目的重要基础之一。现行《合同法》在对原来的《经济合同法》、《涉外经济合同法》和《技术合同法》合并、修改的基础上，对合同重新进行了分类、归纳，重新调整了具体的法律规范。而现行印花税税目仍根据原三法制定，未作任何调整，与《合同法》在合同名称、种类、内容上产生矛盾，不利于规范合同关系，易形成征税缺口。新《合同法》使印花税税目的调整成为必要。

(2) 电子商务的发展对印花税提出新的挑战

电子商务的数字化、无纸化交易将传统交易方式下的合同、凭证隐匿于无形，印花税原有的课税对象——合同、账簿、产权转移书据、结算凭证等不复存在；合同金额等计税依据由于电子付款中的加密技术等原因很难确定。我国现行印花税制是针对传统交易方式而订，还未制订与电子商务相对应的条款，存在征税盲区，在不同交易方式、不同国家、不同纳税人之间形成不公平待遇，极易造成税款流失，损害国家利益。

2. 印花税的改革对策

(1) 调整税目，与现行《合同法》协调统一

《合同法》是在三法基础上调整、修订而成的，在分则中共列明 15 种

合同，包括：买卖合同；供用电、水、气、热力合同；赠与合同；租赁合同；借款合同；融资租赁合同；承揽合同；建设工程合同；运输合同；技术合同；保管合同；仓储合同；委托合同；行纪合同；居间合同。合同类型的转变要求印花税税目应作必要调整以保持和经济交往中的合同、凭证的一致性。

① 将购销合同调整为买卖合同。买卖合同是指卖方转移财产所有权给买受方，由买受方支付款项的合同，涵盖了国内买卖合同和涉外买卖合同。与购销合同相比，买卖合同不仅包括供应、采购、调剂、补偿、易货等一般买卖合同，还包括分期付款买卖、凭样品买卖、试用买卖、拍卖、招标投标买卖等特殊买卖合同，更符合市场经济要求和国际惯例，但内容实质与购销合同基本一致，都是关于财产所有权有偿转移的合同。因此，只需更换该税目名称，使法律间协调一致。计税依据仍为买卖金额，税率也保持不变。

② 虽然新《合同法》中未列示财产保险合同，而改在保险法中规范，但财产保险合同是经济生活中的一种重要契约，保险业的进一步发展必将带动保险合同的发展，对之征收印花税，既可增加财政收入，又可增强对保险业的监督、规范和管理，与印花税的功能完全相符。因此，应保留财产保险合同税目。

③ 税目中增加赠与合同、委托合同、行纪合同和居间合同。

A. 赠与合同是赠与人将自己的财产无偿给予受赠人，受赠人表示接受赠与的合同。随着经济的发展，赠与业务变得越来越普遍，赠与合同也分离成一种独立的普遍使用的合同种类，为了体现市场经济特点，规范赠与行为，保持印花税税目与合同种类的一致性，应增加赠与合同税目。

赠与合同的计税依据为合同所载赠与财产价值。合同上没有记载的可按以下顺序确定：所赠与财产附发票的，以发票价格为计税依据；未附发票的，按同类财产的市场价格确定；无同类财产市场价格的，以评估价值确定；税务机关按其他合理方法确定。由于赠与合同中所载金额是受赠人的直接收益，纯收入含量极高，因此税率也应偏高，考虑现行印花税整体税负水平，应确定为1‰为宜。

为了促进社会公共利益的发展，具有救灾、扶贫等社会公益、道德义务性质的赠与合同以及财产所有人将财产捐赠给政府、社会福利单位和学校所订立的赠与合同应免征印花税。

B. 委托合同是委托人和受托人约定，由受托人处理委托人事务的合同。委托合同为无偿的或有偿的，但在市场经济条件下，委托合同以有偿为原则，以无偿为例外。当事人若未在合同中约定为无偿，则推定为有偿。委托合同在内容上与雇佣合同、寄托、保管、运输等合同相似，均以给付劳务为内容，在目的上则与承揽合同相似，在于处理委托事务。因此，笔者认为，现行委托代理协议暂不贴花的做法不妥，应将委托合同纳入征税范围。

委托合同应以合同约定的报酬数额为计税依据，若合同没有约定或约定不明的，其委托事务若有国家强制规定收费价目表的（如注册会计师收费标准），应按规定计价；没有规定的，按习惯或委托事务的性质在合理范围内确定。由于委托合同与提供劳务的加工承揽合同相似，合同所载金额与收益直接相关，应采用比例税率；同时，委托合同的报酬与其完成委托事务支付的费用无关（委托费用由委托人支付），纯收入含量也较高。因此，委托合同适用税率的确定也应与承揽合同等相似，适用0.5‰的税率。

C. 行纪合同，是《合同法》中新增加的合同种类，它是指行纪人以自己的名义为委托人从事贸易活动，委托人支付报酬的合同。行纪合同与委托合同的区别在于：第一，前者所指委托事务仅限于购销、寄售等货物贸易活动，后者无限制；第二，行纪人只能以自己的名义对外活动，受托人以委托人名义活动；第三，行纪合同是有偿双务合同，委托合同可以是无偿单务合同。

行纪合同计税依据的确定要视行纪活动费用承担方式而定。在一般情况下，费用由行纪人负担，计税依据应为行纪合同约定的报酬金额；若双方当事人特别约定费用由委托人负担或双方平摊，则通常会相应减少报酬数额，此种情况下，计税依据应为合同约定的报酬金额和委托方支付的费用之和。合同没有约定报酬数额的，按补充协议约定，未达成补充协议时，按合同有关条款或交易习惯确定。由于行纪活动是一种营业活动，费用由行纪人负担，计税依据是收入而不是纯收益。因此，适用税率应略低于委托合同，在0.3‰左右。

D. 居间合同是居间人向委托人报告订立合同的机会或提供订立合同的媒介服务，委托人支付报酬的合同。居间人实际上是提供一种中介服务，并不亲自参与事务的完成或合同的订立。居间人促成合同成立的，委托人应按约定支付报酬，报酬没有约定的按补充协议或合同有关条款及交易习惯确定；居间人未促成合同成立的，不得要求支付报酬，但可要求委托人支付从事计价活动支出的必要费用。由于印花税是一种行为税性质的凭证税，不论合同是否履行，只要订立就应纳税。因此，居间合同计税依据的确定也无须考虑居间人是否能促成合同的成立，一律按合同规定的(或其他方法确定的)应由委托人支付的报酬计税。居间人促成合同成立的,自行负担居间费用,居间费用可视为居间人为获得报酬而支付的成本。因此,居间报酬与行纪报酬的性质相同,两者适用的税率也应相同。

(2) 在税制中加入电子商务条款,适应知识经济要求,保证财政收入,维护国家利益

面对电子商务的巨大冲击,各国政府和税收理论界对税收相关问题进行了重新审视和研究,迄今为止,各国已达成四个原则:对国际性合作的强调;尽可能地对现行规则和概念的保持;在传统的和电子商务之间无歧视性征税;开征一种新税种的节制。我国也应根据以上原则及时采取对策,完善现行税法,补充有关电子商务适用的税收条款,维护税收公平,避免更大损失。具体可以采取以下对策。

① 在现行税制中补充有关电子记录保存和加密的条款,要求纳税人必须保证以可阅读方式保存记录一段时间,并将加密密码报送税务机关的密码库备案,使税务机关可追踪、验证纳税人的交易性质、金额,确定计税依据。

② 规定纳税人应对每笔交易提供有效证明,以内容和性质属于印花税纳税范围的证明为应税凭证,计税贴花。

③ 对实行会计电算化、电子记账的纳税人,由于所有账簿都是电子化,不存在实物形态的账簿,失去了原有意义的课税对象。但目前无论实行什么记账方式,年末都要向税务机关报送书面会计报表。因此,可考虑对实行电子记账的纳税人,课税对象由营业账簿改为会计报表,由纳税人在年度会计报表上贴花完税。与现行征税办法相衔接,资产负债表可实行比例税率,按实收资本和资本公积数额征税,其他报表实行按定额税率征收。

相关知识

◆ 印花税的产生及发展

印花税是对经济交往中书立、领受的凭证征收的一种税。因纳税人自行粘贴印花税票完税而得名。1624 年印花税首先在荷兰开征,随后很多国家开始效法实行。现在世界各国普遍征收印花税,包括发达国家和发展中国家,有些国家的印花税收入在各税总收入中所占的比重还比较大。

印花税是我国效仿西洋税制的第一个税种。从清光绪十五年(1889年)开始,大清帝国拟开征印花税 20 余年,虽先后印制了日本版和美国版

印花税票，也拟定了《印花税则》15 条，但终未能正式实施。

中华民国成立以后，北洋政府把推行印花税作为重要的聚财手段，于 1912 年 10 月公布了《印花税法》，并于次年正式实施。1927 年国民政府重新发布了《印花税暂行条例》，1934 年经修改后正式制定了《印花税法》。

中华人民共和国成立后，中央人民政府政务院于 1950 年 1 月发布了《全国税政实施要则》，规定在全国开征印花税。1950 年 4 月，财政部颁发了《印花税暂行条例草案》，规定了对 30 个税目的应税凭证，按其性质和不同特点，分别征税，后经 1953 年和 1956 年两次修订，缩小了征收范围。在 1958 年的工商税制改革中，印花税被并入了工商统一税中，此后一段时期未再单独征收印花税，直到 1988 年在全国又开始恢复征收印花税。

现行的印花税法律依据是 1988 年 8 月 6 日国务院颁布的《中华人民共和国印花税暂行条例》（以下简称《印花税暂行条例》）和 1988 年 9 月 29 日财政部、国家税务总局颁布的《中华人民共和国印花税暂行条例施行细则》（以下简称《印花税实施细则》）。

实战训练

一、单项选择题

1. 关于印花税的表述，正确的是（　　）。

A. 培养公民的依法纳税观念是印花税的立法原则之一

B. 印花税征税范围较窄

C. 印花税最早始于英国

D. 印花税兼有凭证税和财产税性质

2. 印花税自（　　）年产生后，很快风靡全世界。

A. 1654 年　　B. 1624 年

C. 1634 年　　D. 1644 年

3. 印花税与其他税率相比较，其特点为（　　）。

A. 税率高

B. 税负较重

C. 有广集资金、积少成多的财政效应

D. 可以退税

二、多项选择题

1. 印花税的特点包括（　　）。

A. 兼有凭证税和行为税性质　　B. 征税范围广泛

C. 税负轻　　D. 由纳税人自行完成纳税义务

2. 印花税的类型有(　　)。

A. 商事凭证印花税　　B. 人事凭证印花税

C. 分类印花税　　D. 综合印花税

3. 我国现阶段开征印花税的立法原则是(　　)。

A. 筹集财政收入　　B. 维护我国涉外经济权益

C. 培养纳税人自觉纳税观念　　D. 促进我国经济法制建设

三、判断题

1. 印花税是对经济活动和经济交往中书立、领受、使用的应税经济凭证所征收的一种税。(　　)

2. 印花税是中国普遍征收的一个税种。(　　)

3. 中国人民政府政务院于1950年1月发布《全国税收实施要则》,规定印花税为全国统一开征的14个税种之一。(　　)

4. 现行印花税列举的税目主要有五大类:合同或具有合同性质的凭证、产权转移书据、营业账簿、权利许可证照、其他凭证。(　　)

5. 印花税最高税率为2‰,最低税率为0.03‰,按定额税率征税的,每件5元。(　　)

四、问答题

1. 什么是印花税?印花税的特点有哪些?

2. 印花税的类型?

1.2　印花税的纳税人及征税范围

要　点

印花税的纳税人是在中华人民共和国境内书立、领受应税凭证的单位和个人。印花税的征税范围主要包括五大类:合同或具有合同性质的凭证、产权转移书据、营业账簿、权利许可证照和经财政部确定征税的其他凭证。

解　释

◆ 印花税的纳税人

《印花税暂行条例》规定,印花税的纳税人是在中华人民共和国境内书立、领受应税凭证的单位和个人。

规定中的单位和个人是指各类企业、事业、机关、团体、部队以及中外合资企业、合作企业、外资企业、外国公司企业和其他经济组织及其在华机构等单位和个人。

上述单位和个人，按照书立、领受、使用应税凭证的不同，可以分别确定为立合同人、立据人、立账簿人、领受人和使用人五种。

1. 立合同人

立合同人指合同的当事人。所谓当事人，是指对凭证有直接权利义务关系的单位和个人。但不包括合同的担保人、证人、鉴定人。

2. 立据人

立据人是指书立产权转移书据的单位和个人。

如果立据人未贴印花或少贴印花，书据的持有人应负责补贴印花。所立书据以合同方式签订的，应由持有书据的各方分别按全额贴花。

3. 立账簿人

立账簿人是指设立并使用营业账簿的单位和个人。

4. 领受人

领受人是指领取或接受并持有该项凭证的单位和个人。

领受权利、许可证照的，以领受人为纳税人。

5. 使用人

使用人是指在国外书立、领受，但在国内使用应税凭证的单位和个人。

对应税凭证，凡由两方或两方以上当事人共同书立的，其当事人各方都要是印花税的纳税人，应当就其所持凭证的计税金额履行纳税义务。

◆ 印花税的征税范围

根据《印花税暂行条例》及其实施细则的规定，印花税的征税范围有以下几个方面。

1. 应税合同

包括购销、加工承揽、建设工程承包、财产租赁、货物运输、仓储保管、借款、财产保险、技术等合同或者具有合同性质的凭证。

所称合同，是指根据原《中华人民共和国经济合同法》、《中华人民共和国涉外经济合同法》和其他有关合同法规订立的合同。具有合同性质的凭证，是指具有合同效力的协议、契约、合约、单据、确认书及其他各种名称的凭证。

2. 产权转移书据

产权转移书据是指单位和个人产权的买卖、继承、赠与、交换、分割等所立的书据。包括：财产所有权和版权、商标专用权、专利权、专有技术使用权等转移书据。

财产所有权转移书据的征税范围是经政府管理机关登记注册的动产、不动产的所有权转移所立的书据，以及企业股权转让所立的书据。

对专利权转让、专利实施许可所书立的合同、书据，适用产权转移书据项目。借款方以财产作抵押，与贷款方签订的抵押借款合同，因借款方无力偿还借款而将抵财产转移给贷款方，应就双方书立的产权转移书据，按产权转移书据计税贴花。

3. 营业账簿

营业账簿是指单位或者个人记载生产经营活动的财务会计核算账簿。

营业账簿，按其反映内容的不同，可分为记载资金的账簿和其他账簿。所称记载资金的账簿是指反映生产经营单位资本金数额增减变化的账簿，具体是指“实收资本”和“资本公积”。其他账簿是指除上述账簿以外的有关其他生产经营活动内容的账簿，包括日记账簿和各明细分类账簿。

4. 权利、许可证照

包括房屋产权证、工商营业执照、商标注册证、专利证、土地使用证。

5. 经财政部确定征税的其他凭证

对不论以何种形式或名称书立的凭证，只要其性质属于条例列举的征收范围的，均应照章纳税。有些业务部门将货物运输合同、仓储合同、银行借款、财产保险等单据作为合同使用的，也应按照合同凭证纳税。对于《印花税暂行条例》没有列举的凭证，则不属于印花税的征税范围，不征印花税。

相关知识

◆ 应税合同具体内容

(1) 购销合同

包括供应、预购、采购、购销结合及协作、调剂、补偿、贸易等合同。

(2) 加工承揽合同

包括加工、定做、修缮、修理、印刷、广告、测绘、测试等合同。

(3) 建设工程承包合同

该合同分为建设工程勘察设计合同和建筑安装工程承包合同。前者包括勘察、设计合同；后者包括建筑、安装工程承包合同。建设工程承包合同包括总承包合同、分包合同和转包合同。

(4) 财产租赁合同

包括租赁房屋、船舶、飞机、机动车辆、机械、器具、设备等合同,还包括企业、个人出租门店、柜台等签订的合同。

(5) 货物运输合同

包括民用航空、铁路运输、海上运输、公路运输和联运合同,以及作为合同使用的单据。

(6) 仓储保管合同

包括仓储、保管合同,以及作为合同使用的仓单、栈单等。

(7) 借款合同

银行及其他金融组织与借款人(不包括银行同业拆借)所签订的合同,以及只填开借据并作为合同使用、取得银行借款的借据。借款方以财产抵押,与贷款方签订的抵押借款合同,属于借款合同。银行及其他金融机构经营的融资租赁业务,是一种以融物方式达到融资目的的业务,实际上是分期偿还的固定资金借款。因此,融资租赁合同也属于借款合同。

(8) 财产保险合同

包括财产、责任、保证、信用保险合同,以及作为合同使用的单据。财产保险合同,分为企业财产保险、机动车辆保险、货物运输保险、家庭财产保险和农牧业保险五大类。目前,对农林作物、牧业畜类保险合同暂不征收印花税,对其他几类财产保险合同均应按照规定征税。"家庭财产两全保险"属于家庭财产保险性质,其合同属于财产保险合同,应照章纳税。

(9) 技术合同

包括技术开发、转让、咨询、服务等合同,以及作为合同使用的单据。按照一般的规定,技术转让包括专利权转让、专利申请权转让、专利实施许可和非专利技术转让等不同的转让内容。这些转让,虽同属于技术转让的范围但在征收印花税时,是分属不同凭证项目的。专利申请权转让、非专利技术转让所书立的合同,属于技术转让合同,其他两项不适用该项目。技术咨询合同是当事人就有关项目的分析、论证、预测和调查订立的技术合同。技术服务合同是当事人一方委托另一方就解决有关特定技术问题所订立的技术合同,包括技术服务合同、技术培训合同和技术中介合同。技术培训合同是当事人一方委托另一方对指定的专业技术人员进行特定项目的技术指导和专业训练所订立的技术合同。技术中介合同是当事人一方以知识、信息、技术为另一方与第三方订立技术合同进行联系、介绍、组织工业化开发所订立的技术合同。

实例详解

【例 1-1】 下列凭证是否应当征收印花税?

(1) 各类出版单位与发行单位之间订立的图书、报纸、期刊以及音像制品的征订凭证。

(2) 运输单据、仓储保管单或栈单、借款单据、财产保险单。

(3) 一般的法律、会计、审计等方面的咨询合同。

(4) 为改进产品结构、改良工艺流程、提高产品质量、降低产品成本、保护资源环境、实现安全操作、提高经济效益等提出实施方案,进行实施指导所订立的技术合同。

(5) 各种职业培训、文化学习、职工业余教育等订立的合同。

(6) 一般加工、修理、修缮、广告、印刷、测绘、标准化测试所书立的合同。

(7) 纳税人以电子形式签订的各类应税凭证。

(8) 卫生许可证、消防安全证、用电许可证。

(9) 对发电厂与电网之间、电网与电网之间签订的电力购售合同。

(10) 土地使用权出让合同、土地使用权转让合同。

(11) 商品房销售合同。

(12) 企业集团内部在经销和调拨商品物资时使用的各种形式的凭证。

【分析】

(1) 各类出版单位与发行单位之间订立的图书、报纸、期刊以及音像制品的征订凭证,虽然称谓上不叫"合同",但其经济内容及法律效力与合同是一致的,属于具有合同性质的凭证,应按购销合同征收印花税。

(2) 运输单据、仓储保管单或栈单、借款单据、财产保险单等单据,从内容和性质上看,基本都具有合同性质,是不叫合同的合同,应按合同征收印花税。

(3) 一般的法律、会计、审计等方面的咨询合同,不属于应税合同,不征收印花税。

(4) 为改进产品结构、改良工艺流程、提高产品质量、降低产品成本、保护资源环境、实现安全操作、提高经济效益等提出实施方案,进行实施指导所订立的合同,属于技术服务合同范围,征收印花税。

(5) 各种职业培训、文化学习、职工业余教育等订立的合同,不是在商事活动中签订的,不属于应税合同,不征收印花税。

(6) 一般加工、修理、修缮、广告、印刷、测绘、标准化测试所书立的合同。属于加工承揽合同,征收印花税。

(7) 纳税人以电子形式签订的各类应税凭证,和纸制合同凭证一样,都体现了合同的主要条款,其法律效力与纸制合同是一致的,依据合同性质征收印花税。

(8) 卫生许可证、消防安全证、用电许可证,不属于权利许可证照范围,不征收印花税。

(9) 对发电厂与电网之间、电网与电网之间(国家电网公司系统、南方电网公司系统内部各级电网互供电量除外)签订的购售电合同按购销合同征收印花税。电网与用户之间签订的供用电合同不属于印花税列举征税的凭证,不征收印花税。

(10) 对土地使用权出让合同、土地使用权转让合同,按产权转移书据征收印花税。

(11) 对商品房销售合同按照产权转移书据征收印花税。

(12) 企业集团内部在经销和调拨商品物资时使用的各种形式的凭证(表、证、单、书、卡等),既有作为企业集团内部执行计划使用的,又有代替合同使用的。对于企业集团内具有平等法律地位的主体之间自愿订立、明确双方购销关系、据以供货和结算、具有合同性质的凭证,应按规定征收印花税。对于企业集团内部执行计划使用的、不具有合同性质的凭证,不征收印花税。

实战训练

一、单项选择题

1. 下列关于经济合同的论述,正确的是(　　)。

A. 买卖合同包括作为部门内执行计划使用的物资调拨单

B. 借款合同包括银行同业拆借所签订的借款合同

C. 技术转让合同包括专利权转让所书立的合同

D. 只有依法订立的经济合同,才是我国印花税征税对象之一

2. 下列有关购销合同计征印花税的表述,正确的是(　　)。

A. 出版单位与订阅单位之间订立的图书征订凭证,应按规定计征印花税

B. 以电子形式签订的合同,不计征印花税

C. 买卖双方签订的货物预购合同,应计征印花税

D. 电网与用户之间签订的供用电合同,应计征印花税

3. 下列各项中，不属于印花税应税凭证的是（　　）。

A. 无息、贴息贷款合同

B. 发电厂与电网之间签订的电力购售合同

C. 财产所有人将财产赠与社会福利单位的书据

D. 银行因内部管理需要设置的现金收付登记簿

4. 下列关于印花税征税对象的表述，正确的是（　　）。

A. 购销合同包括作为部门内执行计划使用的物资调拨单

B. 借款合同包括银行同业拆借所签订的借款合同

C. 技术转让合同包括专利权转让所书立的合同

D. 财产保险合同包括财产、责任、保证、信用等合同

5. 甲、乙欲签订一份商品购销合同，甲要求乙提供商品的鉴定，丙愿意为该种商品提供鉴定，丁为甲的业务代理人，并代表甲与乙签订了经济合同。这一事项中，属于印花税纳税人的为（　　）。

A. 甲、乙　　B. 甲、乙、丁

C. 乙、丁　　D. 甲、乙、丙、丁

二、多项选择题

1. 根据《印花税暂行条例》的规定，下列对有关合同计征印花税的表述，正确的是（　　）。

A. 对发电厂与电网之间签订的购售合同，按购销合同计征印花税

B. 企业与主管部门签订的租赁承包合同，按财产租赁合同计征印花税

C. 作为合同使用的仓单、栈单，按仓储保管合同计征印花税

D. 专利权转让合同、专利实施许可合同，按产权转移书据计征印花税

2. 根据《印花税暂行条例》的规定，下列有关证件中，属于权利、许可证照的有（　　）。

A. 房屋产权证书　　B. 工商营业执照

C. 商标注册证　　D. 专利证

3. 下列合同中应当缴纳印花税的有（　　）。

A. 企业改制签订的产权转移书据

B. 客运飞机国内联运合同

C. 企业工会组织设置的经费收支账簿

D. 财产保险合同

4. 下列各项中，属于印花税纳税人的是（　　）。

A. 发放专利证书的专利局　　B. 设立并使用账簿的企业

C. 签订运输合同的运输公司　D. 领受营业执照的个人

5. 下列合同中，属于印花税征税对象的是(　　)。

A. 企业与其主管部门签订的租赁承包合同

B. 银行同业拆借所签订的借款合同

C. 企业和个人出租门店柜台所签订的租赁合同

D. 仓储、保管合同或作为合同使用的入库单

三、判断题

1. 印花税的征收范围包括所有合同。(　　)

2. 印花税的纳税义务人，是指在中国境内书立、使用、领受印花税法所列举的凭证并应依法履行纳税义务的单位和个人。(　　)

3. 营业账簿的纳税人是立据人。(　　)

4. 专利、许可证照包括房屋产权证、工商营业执照、商标注册证、专利证、土地使用证。(　　)

5. 印花税的纳税义务人可分为立合同人、立据人、立账簿人、领受人和使用人等。(　　)

四、问答题

1. 印花税的征税对象？

2. 印花税的纳税人？

3. 对合同、书据等凭证，由两方或两方以上人共同书立的，如何确定纳税人？

1.3 印花税的计算

要　点

印花税的计税依据为各种应税凭证上所记载的计税金额。现行印花税采用比例税率和定额税率两种税率。根据应纳税凭证的性质，印花税的计算可采用比例税率或定额税率两种方法。

解　释

◆ 印花税的计税依据

印花税根据不同征税项目，分别实行从价计征和从量计征两种征收方法，不同计税方法税基确定方式不同。

1. 从价计征的印花税税基

实行从价计征的印花税以凭证所载金额为计税依据，具体规定如下。

(1) 购销合同以合同记载的购销金额为税基。

购销金额是指购销全额，不能作任何减除。采用以货换货方式进行商品交易签订的合同，是反映既购又销双重经济行为的合同。对此，应以合同所载的购、销合计金额为税基。

(2) 加工承揽合同以加工或承揽收入的金额为税基。

加工或承揽收入额，是合同中规定的受托方的加工费收入和提供的辅助材料金额之和。

对于由受托方提供原材料的加工、定做合同，确定税基的方法为以下两种。

① 合同中分别记载加工费金额与原材料金额的，分别以加工费收入和原材料金额为税基，并分别按“加工承揽合同”和“购销合同”征税。

② 合同中未划分加工费金额与原材料金额的，以全部金额为税基，依照“加工承揽合同”征税。

(3) 建设工程承包合同以收取的费用或承包额为税基。

其中，建设工程勘察设计合同以收取的费用为税基；建筑安装工程承包合同以承包金额为税基，如果施工单位将自己承包的建设项目分包或转包给其他施工单位，以其所签订的分包或转包合同所载金额为税基。

(4) 财产租赁合同以租赁的金额为税基。

(5) 货物运输合同以运输费金额为税基，但不包括装卸费和保险费。

国内各种形式的货物联运，凡在起运地统一结算全程运费的，起运地运费结算双方均以全程运费作为税基，分别纳税；凡分程结算运费的，由办理运费结算的各方分别以分程运费作为税基，分别纳税。国际货运，凡由我国运输企业运输的，不论在我国境内、境外起运或中转分程运输，我国运输企业所持的一份运费结算凭证，均以本程运费为税基；托运方所持的一份运费结算凭证，以全程运费为税基。由外国运输企业运输进出口货物的，外国运输企业所持的一份运费结算凭证免缴印花税，托运方所持的一份运费结算凭证，以运费金额为税基。

(6) 仓储保管合同以仓储保管费用为税基。

(7) 借款合同以借款金额为税基。

借款金额的确定根据借款业务种类不同，采用不同的方法：

① 一项信贷业务既签订借款合同又一次或分次填开借据的，以借款合同按所载借款金额为税基，凡只填开借据并作为合同使用的，以借据所

载借款金额为税基；

② 按年(期)签订，规定最高限额，借款人在规定的期限和最高限额内随借随还的流动资金周转性借款合同，以合同规定的最高借款限额为税基，在签订时纳税；

③ 信贷业务中，借款合同由借款方与银团各方共同书立，借款方与贷款银团各方应分别以各自的借贷金额为税基；

④ 基本建设贷款中，先按年度用款计划分年签订借款分合同，按所载借款金记为税基，最后一年按总概算签订借款总合同，且总合同的借款金额中包括各分合同的借款金额，最后签订的总合同，以借款总额扣除分合同借款金额后的余额为税基；

⑤ 融资租赁合同，以合同所载租金总额为税基。

(8) 财产保险合同以保险费收入为税基。

(9) 技术合同以合同所载金额为税基。

各类技术合同，应以合同所载价款、报酬、使用费的金额为税基。为鼓励技术研究开发，对技术开发合同，只以合同所载的报酬金额为税基，研究开发经费不作为税基。但对合同约定按研究开发经费一定比例作为报酬的，应以一定比例的报酬金额为税基。

(10) 产权转移书据以所载金额为税基。

(11) 营业账簿中记载资金的账簿以“实收资本”与“资本公积”两项的合计金额为税基。

同一凭证，载有两个或者两个以上经济事项的，税基分别为每个事项的金额。已贴花的凭证，因修改合同而增加金额的，以新增加金额为税基，补缴税款。凭证上未标明金额的，应按数量及国家牌价或者市场价格计算金额。暂时无法确定金额的，可先按5元贴花，待结算时按实际金额计算。

2. 从量计征的印花税税基

从量计征的印花税以应税凭证的件数为税基，具体为以下两点：

(1) 权利、许可证照以应税凭证的件数为税基；

(2) 营业账簿中记载资金以外的账簿以凭证件数为税基。

◆ 印花税的税率

作为印花税课税对象的经济凭证，种类繁多、形式多样，性质不尽相同。例如，有些凭证记载有金额，有些则未记载金额；有些凭证供长期使用，有些则只满足临时性需要。这样，就有必要根据不同凭证的性质和特点，按照合理负担、便于征纳的原则，分别采用不同的税率。

现行印花税采用比例税率和定额税率两种税率。

1. 比例税率

印花税的比例税率分为四档，即1‰、0.5‰、0.3‰、0.05‰。按比例税率征收的应税项目包括：各种合同及具有合同性质的凭证、记载资金的账簿和产权转移书据等。这些凭证一般都载有金额，按比例税率纳税，金额多的多纳，金额少的少纳，既能增加收入，又可以体现合理负担原则。其具体规定如下：

(1) 财产租赁合同、仓储保管合同、财产保险合同的税率为1‰。

(2) 加工承揽合同、建设工程勘察设计合同、货物运输合同、产权转移书据、营业账簿中记载资金的账簿，其税率为0.5‰。

(3) 购销合同、建筑安装工程承包合同、技术合同的规定税率为0.3‰。这类合同从低规定税率的主要考虑是：企业的购销量大，从购到销要签两次合同；而建筑安装工程承包合同则要按承包总金额计税。因此，为照顾企业的实际承受能力，并鼓励企业进行技术开发、转让和服务，宜于规定较低税率。

(4) 借款合同的税率为0.05‰。因为借款合同的税基较大，从平衡各类合同的税负考虑，需要从低设计税率。

此外，根据国家税务总局等的规定，股份制企业向社会公开发行的股票，因购买、继承、赠与所书立的股权转让书据，均依书立时证券市场当日实际成交价格计算的金额，从2007年5月30日起，由立据双方当事人分别按3‰的税率缴纳印花税(包括A股和B股)。

2008年4月23日，财政部宣布证券交易印花税税率从4月24日起由3‰下调至1‰。

2008年9月19日起，证券交易印花税实行单边收取。

2. 定额税率

适用定额税率的是权利许可证照和营业账簿中的其他账簿，采取按件规定固定税额，单位税额均为每件5元。对其他营业账簿、权利许可证照，单位税额均为每件5元。由于这类凭证没有金额记载，规定按件定额征税，可以方便征纳，简化手续。

在确定适用税率时，如果一份合同载有一个或几个经济事项，可以同时适用一个或几个税率分别计算贴花。但属于同一笔金额或几个经济事项金额未分开的，应按其中的较高税率计算纳税，而不是分别按多种税率贴花。这样规定主要是为了避免以低税率凭证代替高税率凭证纳税，从而逃避纳税义务。

◆ **应纳税额的计算**

印花税的应纳税额，根据应纳税凭证的性质，分别按比例税率或定额税率计算。

(1) 印花税按比例税率计算的，应纳税额的计算公式为：

应纳税额＝应税凭证计税金额×适用税率

(2) 印花税按定额税率计算的，应纳税额的计算公式为：

应纳税额＝应税凭证件数×单位税额

相关知识

◆ **印花税计税依据的特殊规定**

(1) 印花税凭证以金额、收入、费用作为计税依据的，应当全额计税，不得作任何扣除。

(2) 同一凭证，载有两个或两个以上经济事项而适用不同税目、税率，如分别记载金额的，应分别计算应纳税额，相加后按合计税额贴花；如未分别记载金额的，按税率较高的计税贴花。

(3) 按金额比例贴花的应税凭证，未标明金额的，应按照凭证所载数量及国家牌价计算金额；没有国家牌价的，按市场价格计算金额，然后按规定税率计算应纳税额。

(4) 应税凭证所载金额为外国货币的，应按照凭证书立当日国家外汇管理局公布的外汇牌价折合成人民币，然后计算应纳税额。

(5) 应纳税额不足 1 角的，免纳印花税；1 角以上的，其税额尾数不满 5 分的不计，满 5 分的按 1 角计算。

(6) 有些合同，在签订时无法确定计税金额，如技术转让合同中的转让收入，是按销售收入的一定比例收取或是按实现利润分成的；财产租赁合同，只是规定了月(天)租金标准而无租赁期限的；对这类合同，可在签订时先按定额 5 元贴花，以后结算时再按实际金额计税，补贴印花。

(7) 应税合同在签订时纳税义务即已产生，应计算应纳税额并贴花。所以，不论合同是否兑现或是否按期兑现，均应贴花。

对已履行并贴花的合同，所载金额与合同履行后实际结算金额不一致的，只要双方未修改合同金额，一般不再办理完税手续。

(8) 对有经营收入的事业单位，凡属由国家财政拨付事业经费、实行差额预算管理的单位，其记载经营业务的账簿，按其他账簿定额贴花，不记载经营业务的账簿不贴花；凡属经费来源实行自收自支的单位，其营业账簿,应对记载资金的账簿和其他账簿分别计税贴花。

跨地区经营的分支机构使用的营业账簿,应由各分支机构于其所在地计算贴花。对上级单位核拨资金的分支机构,其记载资金的账簿按核拨的账面资金额计税贴花,其他账簿按定额贴花;对上级单位不核拨资金的分支机构,只就其他账簿按件定额贴花。为避免对同一资金重复计税贴花,上级单位记载资金的账簿,应按扣除拨给下属机构资金数额后的其余部分计税贴花。

企业发生分立、合并和联营等变更后,凡依法办理法人登记的新企业所设立的资金账簿,应于启用时计税贴花;凡无须重新进行法人登记的企业原有资金账簿,已贴印花继续有效。

(9) 商品购销活动中,采用以货换货方式进行商品交易签订的合同,是反映既购又销双重经济行为的合同。对此,应按合同所载的购、销合计金额计税贴花。合同未列明金额的,应按合同所载购、销数量依照国家牌价或者市场价格计算应纳税额。

(10) 施工单位将自己承包的建设项目,分包或者转包给其他施工单位所签订的分包合同或者转包合同,应按新的分包合同或转包合同所载金额计算应纳税额。这是因为印花税是一种具有行为性质的凭证税,尽管总承包合同已依法计税贴花,但新的分包或转包合同是一种新的凭证,又发生了新的纳税义务。

(11) 对股票交易征收印花税。现行印花税法规定,股份制试点企业向社会公开发行的股票,因购买、继承、赠与所书立的股权转让书据,均依书立时证券市场当日实际成交价格计算的金额,由立据双方当事人分别按1‰的税率缴纳印花税。

(12) 对国内各种形式的货物联运,凡在起运地统一结算全程运费的,应以全程运费作为计税依据,由起运地运费结算双方缴纳印花税;凡分程结算运费的,应以分程的运费作为计税依据,分别由办理运费结算的各方缴纳印花税。

对国际货运,凡由我国运输企业运输的,不论在我国境内、境外起运或中转分程运输,我国运输企业所持的一份运费结算凭证,均按本程运费计算应纳税额;托运方所持的一份运输结算凭证,按全程运费计算应纳税额。由外国运输企业运输进出口货物的,外国运输企业所持的一份运费结算凭证免纳印花税;托运方所持的一份运费结算凭证应缴纳印花税。国际货运运费结算凭证在国外办理的,应在凭证转回我国境内时按规定缴纳印花税。

(13) 印花税票为有价证券,其票面金额以人民币为单位,分为1角、2角、5角、1元、2元、5元、10元、50元、100元九种。

实例详解

【例1-2】 甲、乙两单位签订了产品购销合同一份,所载金额为200万元,印花税适用税率为0.3‰,计算该购销合同甲、乙企业各应缴纳的印花税。

【分析】 应纳税额=2 000 000×0.3‰=600(元)

甲、乙企业各应缴纳600元印花税。

【例1-3】 某企业向建设银行申请1年期借款合同,借款金额为300万元,年利率为5%,计算该企业和建设银行各应缴纳的印花税。

【分析】 应纳税额=3 000 000×0.05‰=1 500(元)

该企业与建设银行各应缴纳1 500元印花税。

【例1-4】 某企业2010年度有关资料如下:

(1) 实收资本比2009年增加150万元。

(2) 与甲公司签订以货换货合同,本企业的货物价值400万元,甲公司的货物价值500万元。

(3) 与乙公司签订受托加工合同,乙公司提供价值90万元的原材料,本企业提供价值18万元的辅助材料并收取加工费20万元。

(4) 与丙公司签订转让技术合同,转让收入由丙公司按2010—2014年实现利润的25%支付。

(5) 与货运公司签订运输合同,载明运输费用9万元(其中含装卸费0.8万元)。

(6) 与铁路部门签订运输合同,载明运输费用及保管费共计18万元。

要求:计算该企业当年应缴纳的印花税税额。

【分析】

(1) 实收资本增加应纳印花税=1 500 000×0.5‰=750(元)

(2) 以货换货合同应纳印花税=(4 000 000+5 000 000)×0.3‰=2 700(元)

(3) 加工合同应纳印花税=(180 000+200 000)×0.5‰=190(元)

(4) 技术合同应纳印花税,先按5元计税。

(5) 货运合同应纳印花税=(90 000-8 000)×0.5‰=41(元)

(6) 铁路运输合同应纳印花税=180 000×1‰=180(元)

该企业2010年应缴纳的印花税为750+2 700+190+5+41+180=3 866(元)。

实战训练

一、单项选择题

1. 根据《印花税暂行条例》的规定，下列有关合同中，按技术合同计税贴花的是(　　)。

A. 专利申请权转让合同　　B. 专利权转让合同

C. 专利实施许可合同　　D. 法律咨询合同

2. 根据现行《印花税暂行条例》的规定，下列表述中正确的是(　　)。

A. 在中国境外书立的凭证不计征印花税

B. 未兑现的合同不计征印花税

C. 签订合同或书据的双方当事人，一律为印花税纳税义务人

D. 现行印花税只对《印花税暂行条例》中列举的凭证征收，未列举的凭证不征税

3. 自2008年4月24日起，证券交易印花税适用率为(　　)。

A. 1‰　　B. 3‰

C. 5‰　　D. 0.5‰

4. 下列项目中，不符合印花税相关规定的是(　　)。

A. 加工承揽合同的计税依据为加工收入的金额

B. 货物运输合同的计税依据为取得的运输费金额

C. 建设工程设计合同的计税依据为设计收取的费用

D. 财产租赁合同的计税依据为租赁设备的金额

5. 甲公司委托乙公司加工一批货物，签订一项加工承揽合同，合同中注明加工费30 000元，受托方提供主要材料50 000元，受托方提供辅助材料2 000元，则乙公司应缴纳印花税为(　　)元。

A. 41　　B. 26

C. 16　　D. 15

二、多项选择题

1. 下列关于印花税的表述，正确的是(　　)。

A. 凡属由国家财政部门拨付事业经费，实行差额预算管理的单位，其记载经营业务的账簿，按每件5元贴花

B. 跨地区经营的分支机构使用的营业账簿，应由上一级税务机关指

定在总机构所在地汇总缴纳印花税

C. 印花税的应税凭证是指在中国境内具有法律效力，受中国法律保护的凭证

D. 在境外书立的应税凭证，可依法免征印花税

2. 印花税税率形式有（　　）。

A. 定额税率　　B. 超额累进税率

C. 比例税率　　D. 全额累进税率

3. 根据《印花税暂行条例》的规定，下列表述正确的是（　　）。

A. 未列明金额的购销合同不计征印花税

B. 记载资金的营业账簿，以实收资本和资本公积合计金额为计税依据

C. 货物运输合同的计税依据为运费金额，包括装卸费和保险费

D. 借款合同的计税依据为借款金额

4. 印花税的缴纳方法有（　　）。

A. 自行贴花　　B. 汇贴或汇缴

C. 委托代征　　D. 代扣代缴

5. 关于国内各种形式的货物联运的印花税的表述，正确的是（　　）。

A. 凡在起运地统一结算全程运费的，应以全程运费为计税依据，由起运地运费结算双方缴纳印花税

B. 凡在起运地统一结算全程运费的，分别由办理运费计算的各方分别以分程的运费为计税依据缴纳印花税

C. 凡分程结算运费的，应以分程的运费作为计税依据，分别由办理运费结算的各方缴纳印花税

D. 凡分程结算运费的，由起运地结算，双方以全程运费为计税依据贴花

三、判断题

1. 营业账簿中记载资金的账簿，以"实收资本"与"资本公积"两项的合计金额为其计税依据。（　　）

2. 同一凭证载有两个或两个以上经济事项，如未分别记载金额的，应按最高的一种适用税率计税贴花。（　　）

3. 一般的会计、审计等方面的咨询，其所订立的合同不贴花。（　　）

4. 有些凭证，只载明数量，未标明金额，对这类凭证可以定额征收印

花税。(   )

5. 印花税的税率有两种形式,即比例税率和定额税率。加工承揽合同适用比例税率,税率为5‰;营业账簿适用定额税率,税额为每件5元。(   )

四、计算题

某高新技术企业2010年2月开业,注册资金200万元,当年发生以下业务:

(1) 领受工商营业执照、房屋产权证、土地使用证各一份。

(2) 与其他企业订立转移专有技术使用权书据一份,所载金额100万元。

(3) 订立产品购销合同2份,共记载金额250万元。

(4) 订立借款合同1份,记载金额80万元。

(5) 签订技术服务合同,记载金额50万元。

(6) 签订租赁合同1份,记载租赁费60万元。

(7) 签订转让专有技术使用权合同1份,记载金额100万元。

要求:逐项计算该企业2010年相关印花税。

提示:专有技术使用权转移书据属于产权转移书据,而非技术转让合同。所以此处适用税率应为0.5‰。

1.4 印花税的优惠政策

要 点

印花税的税收优惠主要体现在一些免税政策上,本节主要介绍印花税的优惠政策内容。

解 释

◆ 常见的免税合同、书据、文本

根据《印花税暂行条例》及《印花税暂行条例施行细则》和其他有关税法的规定,下列凭证免纳印花税。

(1) 已缴纳印花税的凭证副本或抄本。由于这种副本或抄本属于备查性质,不是正式文本,对外不发生法律效力,所以对其不应再征收印花税。但副本或者抄本作为正本使用的,应另行贴花。

(2) 财产所有人将财产赠给政府、社会福利单位、学校所立的书据。

其中，社会福利单位是指扶养孤老伤残的社会福利单位。

(3) 国家指定的收购部门与村民委员会、农民个人书立的农副产品收购合同。

(4) 无息、贴息贷款合同。

(5) 外国政府或国际金融组织向中国政府及国家金融机构提供优惠贷款所书立的合同。

(6) 房地产管理部门与个人订立的用于生活居住的租赁合同。

(7) 农林作物、牧业畜类保险合同。

(8) 特殊货运凭证。这类凭证包括以下内容。

① 军事货物结算凭证，即附有军事运输命令或使用专用的军事物资运费结算凭证。

② 抢险救灾物资运输结算凭证，即附有县级以上(含县级)人民政府抢险救灾物资运输证明文件的运费结算凭证。

③ 为新建铁路运输施工所需物料，使用工程临管线专用运费结算凭证。

(9) 廉租住房、经济适用住房经营管理单位与廉租住房、经济适用住房相关的印花税以及廉租住房承租人、经济适用住房购买人涉及的印花税；与高校学生签订的高校学生公寓租赁合同。

(10) 国家石油储备基地第一期项目建设过程中涉及的印花税。

◆ 企业改制过程中有关印花税征免规定

为贯彻落实国务院关于支持企业改制的指示精神，规范企业改制过程中有关税收政策，在企业改制过程中涉及的印花税免征政策如下。

1. 各类应税合同的印花税

企业改制前签订但尚未履行完的各类应税合同，改制后需要变更执行主体的，对仅改变执行主体，其余条款未作变动且改制前已贴花的，不再贴花。

公司制改造(企业改制)包括国有企业依《公司法》整体改造成国有独资有限责任公司；企业通过增资扩股或者转让部分产权，实现他人对企业的参股，将企业改造成有限责任公司或股份有限公司；企业以其部分财产和相应债务与他人组建新公司；企业将债务留在原企业，而以其优质财产与他人组建的新公司。

2. 产权转移书据的印花税

企业因改制签订的产权转移书据免予贴花。

3. 股权分置改革转让的印花税

股权分置改革过程中因非流通股股东向流通股股东支付对价而发生的股权转让,暂免征收印花税。

◆ 投资基金相关印花税的优惠政策

1. 证券投资者保护基金

根据财税[2006]104号,证券投资者保护基金相关印花税优惠包括以下内容。

(1) 对保护基金公司新设立的资金账簿免征印花税。

(2) 对保护基金公司与中国人民银行签订的再贷款合同、与证券公司行政清算机构签订的借款合同,免征印花税。

(3) 对保护基金公司接收被处置证券公司财产签订的产权转移书据,免征印花税。

(4) 对保护基金公司以保护基金自有财产和接收的受偿资产与保险公司签订的财产保险合同,免征印花税。

(5) 对与保护基金公司签订上述应税合同或产权转移书据的其他当事人照章征收印花税。

2. 封闭式基金

为支持我国证券市场的健康发展,从2003年1月1日起,继续对投资者(包括个人和机构)买卖封闭式证券投资基金免征印花税。

3. 全国社会保障基金

对社保理事会委托社保基金投资管理人运用社保基金买卖证券应缴纳的印花税实行先征后返。

相关知识

◆ 居民生活优惠

为了减轻居民个人的税收负担,自2008年3月1日起,对个人出租、承租住房签订的租赁合同,免征印花税;自2008年11月1日起,对个人销售或购买住房暂免征收印花税。

实例详解

【例 1-5】 下列各项是否应当征收印花税?

(1) 实行公司制改造的企业在改制过程中成立的新企业(重新办理法人登记的)新启用的资金账簿。

（2）以合并或分立方式成立的新企业新启用的资金账簿。

（3）企业改制前签订但尚未履行完的各类应税合同。

（4）已缴印花税的凭证的副本或者抄本。

（5）对廉租住房、经济适用住房经营管理单位与廉租住房、经济适用住房相关的印花税以及廉租住房承租人、经济适用住房购买人涉及的印花税。

（6）开发商在经济适用住房、商品住房项目中配套建造廉租住房。

【分析】

（1）实行公司制改造的企业在改制过程中成立的新企业（重新办理法人登记的），对其新启用的资金账簿记载的资金，凡原已贴花的部分不再征收印花税，对未贴花的部分和以后新增加的资金征收印花税。

（2）以合并或分立方式成立的新企业，对其新启用的资金账簿记载的资金，凡原已贴花的部分不再征收印花税，对未贴花的部分和以后新增加的资金征收印花税。

（3）企业改制前签订但尚未履行完的各类应税合同，改制后仅改变执行主体、其余条款未作变动且改制前已贴花的，不再征收印花税。

（4）凭证的正式签署本已按规定缴纳了印花税，其副本或者抄本对外不发生权利义务关系，仅备存查的，不征收印花税，但以副本或者抄本视同正本使用的，应当征收印花税。

（5）自2007年8月1日起，对廉租住房、经济适用住房经营管理单位与廉租住房、经济适用住房相关的印花税以及廉租住房承租人、经济适用住房购买人涉及的印花税予以免征。

（6）自2007年8月1日起，开发商在经济适用住房、商品住房项目中配套建造廉租住房，在商品住房项目中配套建造经济适用住房，如能提供政府部门出具的相关材料，可按廉租住房、经济适用住房建筑面积占总建筑面积的比例免征开发商应缴纳的印花税。

实战训练

一、单项选择题

1. 下列有关印花税减免政策的表述中，正确的是（　　）。

A. 企业改制中经评估增加的资金，免予贴花

B. 企业因改制签订的产权转移书据，免予贴花

C. 房地产管理部门与个人订立的租房合同,免予贴花

D. 财产所有人将财产赠给企事业单位所书立的书据,免予贴花

2. 下列合同中,免征印花税的是(　　)。

A. 违约合同　　B. 技术转让合同

C. 无息、贴息贷款合同　　D. 分包和转包合同

3. 按印花税暂行条款规定,下列凭证中哪一项不能免纳印花税(　　)。

A. 已纳税的购销合同副本　　B. 易货合同

C. 贴息贷款合同　　D. 无息借款合同

4. 股份制企业向社会公开发行的股票(A 股),因购买、赠与所书立的书据,均依书立时证券市场当日实际成交价格计算的金额缴纳印花税,其适用的税率一般为(　　)。

A. 2‰　　B. 5‰

C. 3‰　　D. 1‰

二、多项选择题

1. 下列有关印花税的表述正确的是(　　)。

A. 企业改制经评估增加的资金应按规定贴花

B. 如果已按规定贴花的合同没有兑现,税务机关应将印花税退还给纳税人

C. 企业合并后依法办理法人登记的新企业所设立的资金账簿,不再贴花

D. 企业因改制签订的产权转移书据免予贴花

2. 下列凭证中,免征印花税的有(　　)。

A. 已纳印花税凭证的副本或抄本

B. 财产所有人将财产赠给政府、社会福利单位、学校所立的书据

C. 国家指定收购部门与农民个人书立的农副产品收购合同

D. 外国政府向我国政府提供贷款所书立的合同

3. 下列关于营业账簿计征印花税的表述,正确的是(　　)。

A. 纳入征税范围的营业账簿,是按立账簿人的经济属性划分征免范围的

B. 对采用一级核算形式的单位,只就财会部门设置的营业账簿贴花

C. 仓库设置的属于会计核算范围,但不记载金额的相关账簿,可不贴印花

D. 对会计核算采用单页表式记载资金活动情况，以表代账的，在未形成账册前，可不贴花

4. 下列关于印花税的表述，正确的是(　　)。

A. 凡属由国家财政部门拨付事业经费，实行差额预算管理的单位，其记载经营业务的账簿，按每件5元贴花

B. 跨地区经营的分支机构使用的营业账簿，应由上一级税务机关指定在总机构所在地汇总缴纳印花税

C. 印花税的应税凭证是指在中国境内具有法律效力，受中国法律保护的凭证

D. 在境外书立的应税凭证，可依法免征印花税

5. 下列关于印花税的表述，正确的是(　　)。

A. 凡属由国家财政部门拨付事业经费，实行差额预算管理的单位，其记载经营业务的账簿，按每件5元贴花

B. 印花税的应税凭证是指在中国境内具有法律效力，受中国法律保护的凭证

C. 在境外书立的应税凭证，境内使用应该依法纳税

D. 在境外书立的应税凭证，可依法免征印花税

三、判断题

1. 企业改制前签订但尚未履行完的各类应税合同，改制后需要变更执行主体的，对仅改变执行主体，其余条款未作变动且改制前已贴花的，不再贴花。(　　)

2. 对保护基金公司接收被处置证券公司财产签订的产权转移书据，应征收印花税。(　　)

3. 为支持我国证券市场的健康发展，从2003年1月1日起，继续对投资者(包括个人和机构)买卖封闭式证券投资基金免征印花税。(　　)

4. 在企业改制过程中涉及的印花税免征政策有各类应税合同的印花税、产权转移书据的印花税和股权分置改革转让的印花税。(　　)

5. 应纳税额不足一角的，免征印花税。(　　)

四、问答题

1. 企业改制过程中印花税的免征政策有哪些？

2. 投资基金相关印花税的优惠政策有哪些？

3. 建筑工程的总承包人签订的分包合同是否还需要贴花？

1.5 印花税的申报缴纳及账务处理

要 点

印花税采用由纳税人自行计算应纳税额、自行购买并粘贴印花税票、自行注销或画销的方法纳税。为了简化贴花手续，应纳税额较大或贴花次数频繁的，纳税人可以采用以缴款书代替贴花或者按期汇总缴纳的方法。这里所说的应纳税额较大是指一份凭证应纳税额超过500元的，按期汇总缴纳，其期限通常为1个月。由于印花税不存在与税务机关清算和结算的问题，因此印花税可以不通过“应交税费”账户核算。企业缴纳的印花税直接借记“管理费用”等账户，贷记“银行存款”或“现金”账户。

解 释

◆ **印花税的缴纳方法**

印花税的纳税办法，根据税额大小、贴花次数以及税收征收管理的需要，分别采用以下三种纳税办法。

1. 自行贴花办法

自行贴花办法一般适用于应税凭证较少或者贴花次数较少的纳税人。

纳税人书立、领受或者使用印花税法列举的应税凭证的同时，纳税义务已经产生，应当根据应纳税凭证的性质和适用的税目、税率，自行计算应纳税额，自行购买印花税票，自行注销或划销，以完整地完成纳税义务，这就是通常所说的“三自”纳税办法。

印花税票应当粘贴在应税凭证上，并由纳税人在每枚税票的骑缝处盖戳注销或划销。纳税人有印章的，加盖印章注销；纳税人没有印章的，可用钢笔或圆珠笔画几条横线注销。注销标记应与骑缝处相交。此外，对已贴花的凭证，修改后所载金额增加的，其增加部分应当补贴印花税票。凡多贴印花税票者，不得申请退税或抵用。

2. 汇贴或汇缴办法

汇贴或汇缴办法一般适用于应纳税额较大或贴花次数频繁的纳税人。

所谓“汇贴”办法就是一张凭证的应纳税额超过500元的，应当向当地税务机关申请填写缴款书或完税凭证。将其中一联粘贴在凭证上或由税务机关在凭证上加注完税标记代替贴花。

所谓“汇缴”办法就是同一种类应纳税凭证，须频繁贴花的，纳税人可以根据实际情况自行决定是否采用按期汇总缴纳印花税的方式。税务机关对核准汇总缴纳印花税的单位，应发给汇缴许可证。汇总印花税的期限限额由当地税务机关确定，但最长不得超过一个月。凡汇总缴纳印花税的凭证，应加注税务机关指定的汇缴戳记、编号并装订成册后，将已贴印花或者缴款书的一联黏附册后，盖章注销，保存备查。

3. 委托代征办法

委托代征办法主要是通过税务机关的委托，经由发放或者办理应纳税凭证的单位代为征收印花税税款。所谓发放或者办理应纳税凭证的单位，是指发放权利、许可证照的单位和办理凭证的鉴证、公证及其他有关事项的单位。

按规定，发放或者办理应纳税凭证的单位负有监督纳税人依法纳税的义务，即发放或者办理应纳税凭证的单位应对应纳税凭证是否已粘贴印花、粘贴的印花是否足额、粘贴的印花是否按规定注销进行监督。对未完成以上纳税手续的，应督促纳税人当场贴花。例如，工商行政管理机关在核发各类营业执照和商标注册证的同时，负责代售印花税票，征收印花税款并且还要监督纳税人正确完成纳税手续。

印花税法规定，发放或者办理应纳税凭证的单位，负有监督纳税人依法纳税的义务，具体是指对以下纳税事项进行监督。

（1）应纳税凭证是否已粘贴印花。

（2）粘贴的印花是否足额。

（3）粘贴的印花是否按规定注销。

对未完成以上纳税手续的，应督促纳税人当场完成。

纳税人不论采取哪一种纳税办法，均应对纳税凭证妥善保存。凭证的保存期限，凡国家已有明确规定的，按规定办理；其余凭证均应在履行完毕后保存 1 年。

◆ 印花税纳税义务发生时间

印花税义务发生时间，是在应税凭证的书立或领受时贴花，具体地说就是指合同签订时、书据立据时、营业账簿启用时和权利许可证照领受时。如果合同是在国外签订，并且不便在国外贴花的，应在将合同带入境时办理纳税手续。

印花税应当在书立或领受时贴花，具体是指在合同签订、账簿启用和证照领受环节贴花。如果合同是在国外签订，并且不便在国外贴花的，应在合同入境时办理贴花手续。例如，甲单位与乙单位于2010年1月1日签订了一份房屋租赁合同，规定租赁期从2010年2月1日起到2010年年底。该合同的纳税环节应在1月1日书立合同时纳税，而不能延至2月1日合同生效时纳税。

◆ 印花税的纳税地点

印花税一般实行就地纳税。对于全国性商品物资订货会（包括展销会、交易会等）上所签订的合同应纳的印花税，由纳税人回其所在地后及时办理贴花完税手续；对地方主办、不涉及省际关系的订货会、展销会上所签订合同的印花税，其纳税地点由各省、自治区、直辖市人民政府自行确定。

◆ 印花税票

为适应税收事业的发展，有效发挥印花税票的作用，国家税务总局决定，自2001年起，每两年对印花税票进行一次改版。印花税票是缴纳印花税的完税凭证，由国家税务总局负责监制。其票面金额以人民币为单位，分为1角、2角、5角、1元、2元、5元、10元、50元、100元九种。缴纳印花税时，按照规定的应纳税额，购贴相同金额的印花税票，凭以完税。

印花税票为有价证券，各地税务机关应按照国家税务总局的管理办法严格管理。

新版印花税票采用以下防伪措施：一是全部采用防伪纤维纸印制；二是图案右下方采用有色荧光油墨套印机徽（在紫光灯下显绿色）；三是图案左下方刮有镂空篆体“税”字；四是四角边孔采用“十”字异型孔。

印花税票可以委托单位或个人代售，并由税务机关付给5%的手续费，支付来源从实征印花税款中提取。税务机关和代售单位应共同做好代售印花税票的工作。

(1) 订立代售合同。凡代售印花税票者，应先向当地税务机关提出代售申请，必要时须提供保证人。税务机关调查核准后，应与代售户签订代售合同，发给代售许可证。代售单位要指定专人负责办理印花税票的领、售、存和交款等项代售业务。代售户所领印花税票，除合同另有规定者外，不得转让他人转至其他地区销售。

(2) 税务机关要对代售单位的存花规定限额，代售单位领花要根据售花情况填写代售印花请领单，经税务机关核准后领取。

(3) 代售单位所售印花税票取得的税款，须专户存储，并按照规定的期限，向当地税务机关结报，或者填开专用缴款书直接向银行缴纳。不得逾期不缴或者挪作他用。代售户领有的印花税票及所售印花税票的税款，如有损失，应负责赔偿。

(4) 代售户要建立印花税票领、售、存情况的登记、清点、检查制度。

◆ 印花税纳税人的违章行为的处罚

自 2004 年 1 月 29 日起，印花税纳税人有下列行为之一的，由税务机关根据情节轻重，予以处罚。

(1) 在应纳税凭证上未贴或者少贴印花税票的，或者已粘贴在应税凭证上的印花税票未注销或者未画销的，由税务机关追缴其不缴或者少缴的税款、滞纳金，并处不缴或者少缴的税款 50%以上 5 倍以下的罚款；构成犯罪的，依法追究刑事责任。

(2) 已贴用的印花税票揭下重用造成未缴或少缴印花税的，由税务机关追缴其不缴或者少缴的税款、滞纳金，并处不缴或者少缴的税款 50%以上 5 倍以下的罚款；构成犯罪的，依法追究刑事责任。

(3) 伪造印花税票的，由税务机关责令改正，处以 2 000 元以上 1 万元以下的罚款；情节严重的，处以 1 万元以上 5 万元以下的罚款；构成犯罪的，依法追究刑事责任。

(4) 按期汇总缴纳印花税的纳税人，超过税务机关核定的纳税期限，未缴或少缴印花税款的，由税务机关追缴其不缴或者少缴的税款、滞纳金，并处不缴或者少缴的税款 50%以上 5 倍以下的罚款；情节严重的，同时撤销其汇缴许可证；构成犯罪的，依法追究刑事责任。

(5) 纳税人违反以下规定的，由税务机关责令限期改正，可处以 2 000 元以下的罚款；情节严重的，处以 2 000 元以上 1 万元以下的罚款。

① 凡汇总缴纳印花税的凭证，应加注税务机关指定的汇缴戳记，编号并装订成册后，将已贴印花或者缴款书的一联黏附册后，盖章注销，保存备查。

② 纳税人对纳税凭证应妥善保存。凭证的保存期限，凡国家已有明确规定的，按规定办；没有明确规定的其余凭证，均应在履行完毕后保存一年。

◆ 印花税的申报要求

印花税实行由纳税人根据规定自行计算应纳税额，购买并一并贴足印花税票的缴纳办法；应纳税额较大或者贴花次数频繁的，纳税人可向主管税务机关提出申请，采取以缴款书代替贴花或者按期汇总缴纳的办法进行，并填报申报表，代扣代缴纳税期限为次月 10 日前。印花税的纳税申报表如表 1-1 所示。

表 1-1　印花税纳税申报表

填表日期：　　　　　年　　月　　日　　　　　　　　申报流水号

纳税人税务登记号		税款所属期	年　月　日至　年　月　日
纳税人电脑编码		纳税人分类码	

正常申报□ 自行补报□ 稽查自查申报□ 延期申报预缴□ 单位：人民币元(列至角分)

纳税人名称		注册地址				注册类型	
开户银行		账号		联系电话		邮政编码	

征收品目	计税金额 (计税数量)	税率 (单位税额)	应纳 税额	购花数量		
				面额	数量(枚)	金额
				1 元		
				2 元		
				5 元		
				10 元		
				50 元		
				100 元		
合　计						

如纳税人填报，由纳税人填写以下各栏	如委托税务代理机构填报，由税务代理机构填写以下各栏
纳税人声明：此纳税申报表是根据国家税收法律的规定填报的，我确定它是真实的、可靠的、完整的。 声明人：	代理人声明：此纳税申报表是根据国家税收法律的规定填报的，我确定它是真实的、可靠的、完整的。 声明人：

主管会计		经办人		税务代理机构名称		税务代理机构地址		经办人	

税务机关填写	受理申报日期： 年　月　日 受理人签名：	审核日期：　年　月　日 审核人签名：	录入日期：　年　月　日 录入员签名：

◆ 印花税的账务处理

按照行业会计制度和财务制度的规定，企业缴纳的印花税，不需要通过“应缴税金”的税目核算，应直接通过“管理费用”科目核算。

企业直接购买印花税票的，在购买时借记“管理费用”科目，贷记“银行存款”或“现金”科目。

采用以缴款书汇总缴纳印花税时，借记“管理费用”科目，贷记“银行存款”或“现金”科目。

如在实际工作中，企业签订应税合同业务频繁，一次购买或缴纳印花税数额较大，预购备用印花税的，通过“待摊费用”科目核算，在缴纳印花税时，借记“待摊费用”科目，贷记“银行存款”科目，以后每次摊销或用预购印花税贴花完税时，按实际数额，借记“管理费用”科目，贷记“待摊费用”科目。

◆ 印花税的管理

1. 对印花税应税凭证的管理

各级地方税务机关应加强对印花税应税凭证的管理，要求纳税人统一设置印花税应税凭证登记簿，保证各类应税凭证及时、准确、完整地进行登记；应税凭证数量多或内部多个部门对外签订应税凭证的单位，要求其制定符合本单位实际的应税凭证登记管理办法。有条件的纳税人应指定专门部门、专人负责应税凭证的管理。印花税应税凭证应按照《税收征收管理法实施细则》的规定保存 10 年。

2. 对按期汇总缴纳的管理

同一种类应纳税凭证，需频繁贴花的，纳税人可根据实际情况自行决定是否采用按期汇总缴纳印花税的方式，汇总缴纳的期限为一个月。采用按期汇总缴纳方式的纳税人应事先告知主管税务机关，缴纳方式一经选定，一年内不得改变。主管税务机关应加强对纳税人的日常监督、检查。

3. 对印花税票代售人的管理

各级税务机关应加强对印花税票代售人代售税款的管理，根据本地代售情况进行一次清理检查，对代售人违反代售规定的，可视其情节轻重，取消代售资格，发现代售人各种影响印花税票销售的行为要及时纠正。税务机关要根据本地情况，选择制度比较健全、管理比较规范、信誉比较可靠的单位或个人委托代售印花税票，并应对代售人经常进行业务指导、检查和监督。

4. 核定征收印花税

根据《税收征管法》第三十五条规定和印花税的税源特征，为加强印花税征收管理，纳税人有下列情形的，地方税务机关可以核定纳税人印花税计税依据。

(1) 未按规定建立印花税应税凭证登记簿，或未如实登记和完整保存应税凭证的。

(2) 拒不提供应税凭证或不如实提供应税凭证致使计税依据明显偏低的。

(3) 采用按期汇总缴纳办法的，未按地方税务机关规定的期限报送汇总缴纳印花税情况报告，经地方税务机关责令限期报告，逾期仍不报告的；或者地方税务机关在检查中发现纳税人有未按规定汇总缴纳印花税情况的。

地方税务机关核定征收印花税，应向纳税人发放核定征收印花税通知书，注明核定征收的计税依据和规定的税款缴纳期限。

地方税务机关核定征收印花税，应根据纳税人的实际生产经营收入，参考纳税人各期印花税纳税情况及同行业合同签订情况，确定科学合理的数额或比例作为纳税人印花税计税依据。

各级地方税务机关应逐步建立印花税基础资料库，包括分行业印花税纳税情况、分户纳税资料等，确定科学合理的评估模型，保证核定征收的及时、准确、公平、合理。

各省、自治区、直辖市、计划单列市地方税务机关可根据以上要求，结合本地实际，制定印花税核定征收办法，明确核定征收的应税凭证范围、核定依据、纳税期限、核定额度或比例等，并报国家税务总局备案。

相关知识

◆ 外商投资企业和外国企业缴纳印花税相关规定

根据《国务院关于外商投资企业和外国企业适用增值税、消费税、营业税等税收暂行条例有关问题的通知》，外商投资企业、外国企业和其他经济组织及其在华机构从 1994 年 1 月 1 日起，应按照《印花税暂行条例》及《印花税暂行条例施行细则》的规定缴纳印花税。为了便于税制顺利衔接，国家税务总局就外商投资企业和外国企业缴纳印花税的有关问题作出以下具体规定。

(1) 上述企业在 1993 年 12 月 31 日以前书立、领受的各种应税凭证，包括合同、产权转移书据、营业账簿、权利许可证照等，不征印花税。

(2) 上述企业1993年12月31日以前签订的应税合同,但在1994年1月1日以后进行修改,并增加金额或原合同到期续签合同的,应按规定贴花。

(3) 对于记载资金的账簿,1994年1月1日以后实收资本和资本公积增加的,就其增加部分贴花;对于启用的新账簿,其实收资本和资本公积未增加的,免贴印花;对1994年1月1日后启用的其他账簿,应按规定贴花。

(4) 上述企业在1993年12月31日以前取得的产权转移书据和权利许可证照,在1994年1月1日以后有更改、换证、换照、转让行为的,应按规定贴花。

(5) 上述企业记载资金的账簿一次贴花数额较大的,经主管税务机关批准,可在3年内贴足印花;经营期已不足3年的企业,应在经营期内贴足印花。

(6) 其他征免事宜,均按照印花税现行规定执行。

实例详解

【例1-6】 某进出口公司年初购买印花税票180 000元,以作全年签订进出口购销合同贴花用途,该公司1月份签订购销合同24份,共计金额2 800万元。请计算应纳的印花税并做会计分录。

【分析】 应纳印花税额=28 000 000×0.3‰=8 400(元)

会计处理为:

(1) 按实际购买印花税票时,

借:待摊费用 180 000

　　贷:银行存款 180 000

(2) 当月用于合同贴花时,

借:管理费用 8 400

　　贷:待摊费用 8 400

【例1-7】 某餐饮企业于2010年3月开业,领受工商营业执照、房屋产权证、土地使用证、商标注册证各一份。注册资本200万元,实收资本200万元。除记载资金的账簿外,还设有6本营业账簿。请计算应纳的印花税并做会计分录。

【分析】 计算应纳税额:

计算领受权利许可证照应缴纳的印花税=5×4=20(元)

设置账簿应缴纳的印花税=2 000 000×0.5‰+6×5=1 030(元)

应纳税额＝20＋1 030＝1 050(元)

缴纳印花税时，做会计分录：

借：管理费用　　1 050

　贷：银行存款　　1 050

需要强调的是：根据印花税相关纳税办法的规定，一张凭证的应纳税额超过500元的，应当向当地税务机关申请填写缴款书或完税凭证。将其中一联粘贴在凭证上或由税务机关在凭证上加注完税标记代替贴花。因此，该企业应向当地税务机关申请填写缴款书或完税凭证。将其中一联粘贴在此合同上或由税务机关在此合同上加注完税标记代替贴花。

【例1-8】 东软信息研究所2010年5月与某工厂签订转让专有技术使用权合同一份，合同记载金额180万元。请计算签订该合同应纳的印花税并做会计分录。

【分析】 签订专有技术使用权转让合同应缴纳的印花税

＝1 800 000×0.5‰＝900(元)

缴纳印花税时，做会计分录：

借：管理费用　　900

　贷：银行存款　　900

实战训练

一、单项选择题

1. 下列哪项不是印花税的纳税办法(　　)。

A. 自行贴花　　B. 汇贴或汇缴

C. 代扣代缴　　D. 委托代征

2. 税务机关可以对(　　)的行为，处以1万元以上5万元以下的罚款。

A. 已粘贴在应税凭证上的印花税票未注销或者未划销

B. 在应纳税凭证上未贴或者少贴印花税票

C. 已贴用的印花税票揭下重用，情节严重的

D. 伪造印花税票，情节严重的

3. 下列关于代售印花税票的表述中，正确的是(　　)。

A. 税务机关应给予代售单位和个人10%的手续费

B. 代售户所领取的印花税票，可转与他人销售

C. 代售单位所售印花税票取得的税款，必须进行专户存储

D. 特殊情况下，代售单位和个人取得的税款可逾期缴纳

4. 按照行业会计制度和财务制度的规定，企业缴纳的印花税，不需

要通过“应缴税金”的税目核算，应直接通过(　　)科目核算。

A. 管理费用　　B. 银行存款

C. 现金　　D. 待摊费用

5. 国家税务总局决定，自(　　)年起，每两年对印花税票进行一次改版。

A. 2000　　B. 2001

C. 2002　　D. 2003

二、多项选择题

1. 税法出于简化纳税手续的考虑，规定了印花税可采取简化的缴纳方法，下列各项中，属于税法规定的简化的缴纳方法有(　　)。

A. 按期汇总缴纳　　B. 代扣分期缴纳

C. 以缴款书代替贴花　　D. 以完税证代替贴花

2. 下列关于印花税征收管理的说法，正确的是(　　)。

A. 运输凭证上的印花税票没有划销的，税务机关追缴其不交或少交的税金、滞纳金，并处不交或少交的税款的 50%以上 3 倍以下罚款

B. 将已贴用的面值 50 元的 3 张印花税票揭下重用，税务机关追缴不交或少交的税金、滞纳金，并处不交或少交税额的 50%以上 5 倍以下罚款

C. 该纳税人的印花税凭证没有按规定保管导致丢失的，税务机关责令限期改正，可以处以 2 000 元以下的罚款；情节严重的，处以 2 000 元以上 1 万元以下的罚款

D. 按期汇总缴纳印花税，但未按期缴纳的，税务机关追缴不交或少交税金，可以处不交或少交税金的 50%以上 5 倍以下罚款

3. 新版印花税票采用的防伪措施有(　　)。

A. 全部采用防伪纤维纸印制

B. 图案右下方采用有色荧光油墨套印机徽(在紫光灯下显绿色)

C. 图案左下方刮有镂空篆体“税”字

D. 四角边孔采用“十”字异型孔

4. 外商投资企业和外国企业在 1993 年 12 月 31 日以前书立、领受的各种应税凭证，包括(　　)等，不征印花税。

A. 合同　　B. 产权转移书据

C. 营业账簿　　D. 权利许可证照

5. 印花税应当在书立或领受时贴花，具体是指在下列哪些环节帖花？(　　)

A. 合同签订　　　　　　B. 账簿启用

C. 书立合同　　　　　　D. 证照领受

三、判断题

1. 汇贴或汇缴办法一般适用于应纳税额较大或贴花次数频繁的纳税人。(　　)

2. 如果合同是在国外签订,并且不便在国外贴花的,应在将合同带入境时办理纳税手续。(　　)

3. 甲单位与乙单位于2009年1月1日签订了一份房屋租赁合同,规定租赁期从2009年2月1日起到2009年年底。该合同的纳税环节应在2月1日合同生效时纳税。(　　)

4. 纳税人对纳税凭证应妥善保存。凭证的保存期限,凡国家已有明确规定的,按规定办;没有明确规定的其余凭证,均应在履行完毕后保存二年。(　　)

5. 地方税务机关核定征收印花税,应向纳税人发放核定征收印花税通知书,注明核定征收的计税依据和规定的税款缴纳期限。(　　)

四、计算题

1. 某企业于2010年2月开业,领受工商营业执照、房屋产权证、土地使用证、商标注册证各一份。注册资本180万元,实收资本180万元。除记载资金的账簿外,还设有6本营业账簿。请计算应纳的印花税并做会计分录。

2. 某企业2010年2月与某工厂签订转让专有技术使用权合同一份,合同记载金额100万元。请计算签订该合同应纳的印花税并做会计分录。

1.6 印花税节税技巧

要　点

从企业纳税的角度来看,书立合同条约的这种行为应缴纳印花税。由于印花税相对于企业所要缴纳的各类流转税、所得税来说,由于其计算方法简便,税款支出金额不大,所以一直以来并未受到企业财务的足够重视,导致纳税人多缴税款的情形屡屡发生。但是,随着企业交易活动的频繁、交易规模的扩大以及对合同重视程度的加强,企业印花税的支出也必然随之增加,在这种条件下,从节省税收成本的角度出发,企业也应加强对印花税纳税筹划的研究与思考,以便减轻自身的税收负担。

解 释

◆ 分开核算不同经济行为节税技巧

按照《中华人民共和国印花税暂行条例施行细则》第十七条规定，同一凭证，因载有两个或两个以上经济事项而适用不同税目税率，如分别记载金额的，应分别计算应纳税额，相加后按合计税额贴花；如未分别记载金额的，按税率高的计税贴花。企业经济活动中所签订的一项合同中常常包含两种或两种以上的经济行为，如果纳税人不明白这一点，不分别确定交易金额的，就会造成税收支出的增加。但是，从另一个方面看，这也给我们提供了一种筹划的思路。纳税人如果能够准确地区分开同一项目合同中的不同经济行为，分别适用不同的税率，就能避免多缴纳不必要的印花税，减少税收负担。

◆ 缓定交易金额节税技巧

在现实经济生活中，各种经济合同的当事人在签订合同时，有时会遇到计税金额无法最终确定的情况。而我国印花税的计税依据大多数都是根据合同所记载金额和具体适用税率确定，计税依据无法最终确定时，纳税人的应纳印花税税额也就相应地无法确定。而根据《中华人民共和国印花税暂行条例》第七条规定，应纳税凭证应当于书立或者领受时贴花。也就是说，企业在书立合同之时，其纳税义务便已经发生，应该根据税法规定缴纳应纳税额。

为保证国家税款及时足额入库，税法采取了一些变通方法。税法规定，有些合同在签订时无法确定计税金额，如技术转让合同中的转让收入，是按销售收入的一定比例收取的或是按其实现利润多少进行分成的；财产租赁合同，只是规定了月(天)租金标准而无租赁期限的。对这类合同，可在签订时先按定额 5 元贴花，以后结算时再按照实际的金额计税，补贴印花。这便给纳税人进行纳税筹划创造了条件。

在经济交往活动中，企业签订的合同如果本身金额就较小，自然没有筹划的必要，但如果金额相对较大，应纳税额较大时筹划便有意义了。缓定交易金额策略，具体来说是指企业在签订数额较大的合同时，有意地使合同上所载金额在能够明确的条件下不最终确定，以达到少缴印花税税款目的的一种行为。

◆ 保守预测交易金额节税技巧

由于理论与现实的差距，理论上认为可能实现或完全能实现的合同，可能在现实中由于种种原因无法实现或无法完全实现。这样，最终合同履行的结果会与签订合同时有些出入。由于我国印花税是一种行为税，是对企业的书立、领受及使用应税凭证的行为课征的税收，因而只要有签订应税合同的行为发生，双方或多方企业的纳税义务便已产生，应该计算应纳税额并贴花。根据税法规定，无论合同是否兑现或是否按期兑现，均应贴花，而且对已履行并贴花的合同，所载金额与合同履行后实际结算金额不一致的，只要双方未修改合同金额，一般不再办理完税手续。

除此之外，企业还可以采取其他办法弥补多贴印花税票的损失，如在合同中注上："如果一方有过错导致合同不能履行或不能完全履行，有过错方负责赔偿无过错方多缴的税款。"这样一来，税收负担问题就很好解决了。

在印花税的征管中，有些纳税人采取隐匿应税凭证等方法偷漏印花税税款，造成了国家税款的流失，这种方法不属于我们纳税筹划的范畴，税法对此规定了严厉的惩罚措施，纳税人在运用时应三思而后行。

如有些企业发生了应税凭证，不向税务机关进行申报，或虽然申报，但不据实申报，只报部分凭证，而将其余部分隐匿；有的企业将购销合同(或加工承揽合同、财产租赁合同、货物运输合同等)按借款合同进行申报；也有的企业对缴纳印花税认识不够，对印花税的缴纳抱着无关紧要的态度，所以经常出现购印花而不贴印花，或贴印花而不画销的现象，甚至有些企业和个人重复使用已贴印花，这些都是税法所不允许的，纳税人应加强纳税意识，在法律允许的范围内进行合理的筹划。

◆ 减少合同主体节税技巧

根据印花税相关法规，对于应税凭证，凡是由两方或两方以上当事人共同书立的，其当事人各方都是印花税的纳税人。如果几方当事人在书立合同时，能够不在合同上出现的当事人不以当事人身份出现在合同上，则效果就达到了。例如，甲、乙、丙、丁四人签订一合同，乙、丙、丁三人基本利益一致，就可以任意选派一名代表，让其和甲签订合同，则合同的印花税纳税人便只有甲和代表人。

这种筹划策略也可以应用到书立产权转移书据的立据人。一般来说，产权转移书据的纳税人只有立据人，不包括持据人，持据人只有在立据人未贴或少贴印花税票时，才负责补贴印花税票。但是如果立据人和持据人双方当事人以合同形式签订产权转移书据，双方都应缴纳印花税。因而这时采取适当的方式，使尽量少的当事人成为纳税人，税款自然就会减少。

这种筹划方法极其简单，操作也很方便，其思路就是尽量减少书立使用各种凭证的人数，使更少的人缴纳印花税，使当事人总体税负下降，从而达到少缴税款的目的，具有很好的操作空间。

◆ 变换借款方式节税技巧

变换借款方式筹划策略是指利用一定的筹资技术使企业达到最大获利水平和最小税负的方法。对任何企业来说，筹资是其进行一系列生产经营活动的先决条件。没有资金，任何有益的经济活动和经营项目都无法进行，与经营相关的赢利和税收也就谈不上了。

一般来说，企业筹资方法主要有：争取财政拨款和补贴；金融机构贷款；自我积累；社会集资；企业间拆借；企业内部集资。从资金角度看，所有这些筹资方法，如果可行的话，都可以满足企业从事生产经营活动对资金的需求。从纳税的角度看，这些筹资方式产生的税收后果却有很大的差异，某些筹资方式最终的实行效果比其他方式要好。

根据印花税的规定，银行及其他金融机构与借款人（不包括银行同业拆借）所签订的合同，以及只填开借据并作为合同使用，取得银行借款的借据应按照“借款合同”税目缴纳印花税，而企业之间的借款合同则不用贴花。因而对企业来说，和金融机构签订借款合同其效果与和企业（其他企业）签订借款合同在抵扣利息支出上是一样的，而前者要缴纳印花税，后者不用缴纳印花税。如果两者的借款利率是相同的，则向企业借款效果会更好。不过企业在筹划时应注意，企业向企业提供的借款，其利率一般比金融机构提供借款利率高，因而企业应相机而动。

◆ 减少交易金额节税技巧

印花税是对在我国境内设立、领受应税凭证的单位和个人，就其设立、领受的凭证征收的一种税。由于各种经济合同的纳税人是订立合同的双方或多方当事人，其计税依据是合同所载的金额，因而出于共同利益，双方或多方当事人可以经过合理筹划，使各项费用及原材料等的金额通过非违法的途径从合同所载金额中得以减除，从而压缩合同的表面金额，达到少缴税款的目的。

◆ 减少分包环节节税技巧

建筑安装工程承包合同是印花税中的一种应税凭证，该种合同的计税依据为合同上记载的承包金额，其适用税率为0.3‰。根据印花税的规定，施工单位将自己承包的建设项目分包给其他施工单位所签订的分包合同或者转包合同，应按照新的分包合同上所记载的金额再次计算应纳税额。这里因为印花税是一种行为性质的税种，只要有应税行为发生，则应按税法规定纳税。因此，尽管总承包合同已依法计税贴花，但新的分包或转包合同又是一种新的应税凭证，又发生了新的纳税义务。

实例详解

【例 1-9】 某企业 2001 年 9 月与铁道部门签订运输合同，合同中所载运输费及保管费共计 400 万元。由于该合同中涉及货物运输合同和仓储保管合同两个印花税税目，而且两者税率不相同，前者为 0.5‰，后者为 1‰。根据上述规定，未分别记载金额的，按税率高的计税贴花，即按 1‰税率计算应贴印花，其应纳税额为：400×1‰＝0.4(万元)。

【分析】 纳税人只要进行一下简单的筹划，便可以节省不少税款。假定这份运输保管合同包含货物运输费 250 万元，仓储保管费 150 万元，如果纳税人能在合同上详细地注明各项费用及具体数额，按照上述第十七条规定，便可以分别适用税率，其印花税应纳税额为：250×0.5‰＋150×1‰＝0.275(万元)，订立合同的双方均可节省 1 250 元税款。

根据税法，加工承揽合同的计税金额为加工或承揽收入的金额。合同中如有受托方提供原材料金额，原材料金额应从总收入中剔除，另做购销处理。但税法又规定，受托方提供的辅助材料等金额不能剔除。

很显然，这里的加工承揽合同也应该分别核算，使合同上不同税目的金额适用不同税率，以达到节省税款的目的，否则将会被全部按加工承揽合同的高税率计税。

【例 1-10】 某设备租赁公司欲和一生产企业签订一份租赁合同，由于租赁设备较多，而且设备本身比较昂贵，租金每年为 300 万元。

【分析】 如果在签订合同时明确规定年租金 300 万元，则两企业均应缴纳印花税：300×1‰＝0.3(万元)。

按照缓定交易金额的筹划策略，如果两企业在签订合同时仅规定每天的租金数，而不具体确定租赁合同的执行时限，

则根据上述规定，两企业只需各自先缴纳 5 元钱的印花税，余下部分等到最终结算时才缴纳，从而获得了这部分缓缴税款的货币时间价值，对企业来说有利无弊，而且筹划操作极其简单，筹划成本很小，企业何乐而不为。

【例 1-11】 假如两企业订立合同之初认为履行合同数额为 1 000 万元，而实际最终结算时发现只履行 800 万或甚至因为其他原因没有办法

履行，则双方当事人就会无益地多负担一笔印花税税款。如何进行节税筹划？

【分析】 如果再考虑其他税种比如增值税，便会代垫很大一笔税款，人为地造成自己企业资金的短缺。因而在合同设计时，双方当事人应充分地考虑到以后经济交往中可能会遇到的种种情况，根据这些可能情况，确定比较合理、比较保守的金额。如果这些合同属于金额难以确定的，也可以采用前面说过的缓定交易金额策略，等到合同最终实现后，根据实际结算情况再补贴印花，这样也能达到同样的效果。

【例 1-12】 企业 A 有一项加工产品配件的业务需要由企业 B 承担，于是双方签订一份加工承揽合同，合同金额为 400 万元，其中包括由受托方 B 企业提供的辅助材料费用 200 万元。就此双方各自应对其签订的合同按照加工承揽合同缴纳印花税：400×0.5‰＝0.2(万元)。两家企业希望能有办法减少该项业务的印花税支出，对于这项业务有操作的空间吗？

【分析】 由于加工承揽合同的计税依据是加工承揽收入，而且这里的加工承揽收入是指合同中规定的受托方的加工费收入和提供的辅助材料金额之和。因此，如果双方当事人能想办法将辅助材料金额压缩，问题便解决了。具体的做法就是由委托方自己提供辅助材料。如果委托方自己无法提供或是无法完全自己提供，也可以由受托方提供，这时的筹划就要分两步进行。第一步，双方签订一份购销合同，由于购销合同的适用税率为 0.3‰，比加工承揽合同适用税率 0.5‰要低。因此，只要双方将辅助材料先行转移所有权，加工承揽合同和购销合同要缴纳的印花税之和便会下降。第二步，双方签订加工承揽合同，其合同金额仅包括加工承揽收入，而不包括辅助材料金额。按照这种思路，该项业务可以如下操作：

第一步，企业 B 将辅助材料卖给企业 A，双方就此签订购销合同，就此各自缴纳印花税：200×0.3‰＝0.06(万元)

第二步，双方企业再签订加工合同，合同金额 200 万元。这时各自应缴纳的印花税为：200×0.5‰＝0.1(万元)

可见，通过这种筹划，双方各自能节省印花税支出 400 元。如果这种合同的数量较多的话，将为企业节省一笔不小的税收支出。

在日常生活中，如果经济交易活动能当面解决，一般是不用签订合同的，上面所说的筹划中，辅助材料的购销不用订立购销合同，这也会省去部分税款。如果企业双方信誉较好，不签加工承揽合同当然更能节省税款，但这样可能会带来一些不必要的经济纠纷。

减少交易金额策略在印花税的筹划中可以广泛地应用，如互相以物易物的交易合同中，双方当事人尽量互相提供优惠价格，使得合同金额下降到合理的程度。当然这要注意限度，以免被税务机关调整价格，最终税负反而更重，以致得不偿失。

【例 1-13】 某城建公司 A 与某商城签订一建筑合同，总计金额为 1 亿元，该城建公司因业务需要又分别与建筑公司 B 和 C 签订分包合同，其合同记载金额分别为 4 000 万元和 4 000 万元，B 和 C 又分别将 2 000 万元分包给 D 和 E。则各方印花税应纳税额分别为：

(1) A 与商场签合同时，双方各应纳印花税：10 000×0.3‰=3(万元)

(2) A 与 B、C 签合同时，各方应纳税额：

A 应纳印花税额=(4 000+4 000)×0.3‰=2.4(万元)

B、C 各应纳印花税额=4 000×0.3‰=1.2(万元)

(3) B、C 与 D、E 签合同时，各方应纳税额为：2000×0.3‰=0.6(万元)

(4) 这五家建筑公司共应纳印花税：3+2.4+1.2×2+0.6×4=10.2(万元)

如何进行纳税筹划？

【分析】 如果这几方进行合理筹划，减少分包环节，采取商城分别与 A、B、C、D、E 五家建筑公司签订 2 000 万元承包合同的策略，则这五家公司共应纳印花税为：2 000×0.3‰×5=3(万元)，从而可以节省 7.2 万元税款。

可见，这种筹划策略的核心就是尽量减少签订承包合同的环节，以最少的可能书立应税凭证，从而达到节约部分应缴税款的目的。

实战训练

一、单项选择题

1. 下列哪项不属于印花税的节税技巧？(　　)

A. 保守预测交易金额进行节税筹划

B. 减少合同主体进行节税筹划

C. 增加转包环节进行节税筹划

D. 减少交易金额进行节税筹划

2. 根据税法规定，下列哪种说法最准确？(　　)

A. 合同兑现时应贴花

B. 合同按期兑现时应贴花

C. 无论合同是否兑现或是否按期兑现时均应贴花

D. 合同中所载金额与合同履行后实际结算金额不一致的,无论双方是否修改合同金额,都不需再办理完税手续

3. 建筑安装工程承包合同是印花税中的一种应税凭证,该种合同的计税依据为合同上记载的承包金额,其适用税率为(　　)。

A. 0.3‰　　B. 0.5‰

C. 1.2‰　　D. 12‰

4. 甲公司与乙公司分别签订了两份合同:一是采购合同,甲公司购买乙公司50万元货物,但因故合同未能兑现;二是以货换货合同,甲公司的货物价值200万元,乙公司的货物价值150万元。则甲公司应缴纳印花税(　　)。

A. 150元　　B. 600元

C. 1 050元　　D. 1 200元

5. 在印花税的征管过程中,哪种做法是税法所不允许的?(　　)

A. 企业发生了应税凭证,立刻向税务机关进行申报

B. 企业将购销合同(或加工承揽合同、财产租赁合同、货物运输合同等)按借款合同进行申报

C. 企业和个人不得重复使用已贴印花

D. 企业不得出现购印花而不贴花,或贴印花而不画销的现象

二、多项选择题

1. 下列选项中,哪些可以使企业避免多缴纳不必要的印花税,减少税收负担?(　　)

A. 分开核算不同经济行为　　B. 缓定交易金额

C. 变换借款方式　　D. 减少转包环节

2. 企业一般采用的筹资方法有(　　)。

A. 争取财政拨款和补贴　　B. 金融机构贷款

C. 企业内部集资　　D. 自我积累

3. 企业可以选择(　　)进行节税筹划。

A. 合同事项分别记载　　B. 合同金额保守签订

C. 合同金额明确　　D. 增加合同主体

三、判断题

1. 股权投资是投资各方在投资前签订的协议,只是一种投资的约定,不属于印花税征税范围,无须贴花。(　　)

2.《印花税暂行条例实施细则》规定，印花税只对税目税率表中列举的凭证征税。(　　)

3. 某企业向股东贷款并与股东签订了借款合同，且双方都不属于金融机构，无须贴花。(　　)

4. 某电网与某餐饮娱乐公司所签订的供用电合同应征收印花税。(　　)

5. "工程监理合同"属于"技术合同"，也属于印花税税法中列举的征税范围。(　　)

四、问答题

1. 没有书面凭证的购销业务是否需要缴纳印花税？为什么？

2. 某企业所签订的已贴花合同到期，但合同所载权利义务关系尚未履行完毕，是否可以继续使用已到期合同无须贴花？

3. 2006 年 1 月某建筑公司与某印刷厂签订甲工程施工合同，合同金额 4 000 万元，合同签订后，印花税即已交纳。2007 年 8 月工程竣工，经审定实际工程决算价为 3 000 万元。2007 年 9 月双方又签订乙工程合同，合同金额 7 000 万元。该建筑公司以甲工程多缴印花税为由，冲减乙合同金额 1 000 万元。请问如何进行节税筹划？

第2章

房　产　税

2.1　房产税概述

要　点

房产税是以房产为征税对象，按房产的价格或房产的租金收入为计税依据，向房产所有人或经营人征收的一种财产税。由于房产有确定的坐落地，税源可靠，纳税面广。因此，房产税是地方政府取得财政收入的重要渠道。

解　释

◆ **房产税的特点**

现行房产税是在原计划经济体制和财产所有结构的框架内恢复征收的，一方面继承了过去城市房地产税的传统做法，同时又考虑了我国新旧体制转换过程中的某些特殊情况，具有以下几个特点。

1. 房产税属于财产税中的个别财产税

按征收对象的范围不同，财产税可以分为一般财产税与个别财产税。一般财产税也称“综合财产税”，是对纳税人拥有的各类财产实行综合课征的税收。个别财产税也称“单项财产税”，是对纳税人拥有的土地、房屋、资本和其他财产分别课征的税收。房产税属于个别财产税，其征税对象只是房屋。

2. 征税范围限于城镇的经营性房屋

房产税在城市、县城、建制镇和工矿区范围内征收，不涉及农村。

3. 区别房屋的经营使用方式规定征税办法

拥有房屋的单位和个人，既可以将房屋用于经营自用，又可以把房屋用于出租、出典。房屋用途不同，其征税方法也不同。

◆ **房产税的立法原则**

1. 筹集地方财政收入

在分税制体制下，财产税是各级地方财政的主体税。我国的房产税属于地方税，征收房产税可以为地方财政筹集一部分市政建设资金，缓解地方财力不足的矛盾。而且，房产税以房屋为征税对象，税源比较稳定，随着社会经济的发展，房地产市场和工商各业的兴旺，房产税收入将成为地方财政收入的一个主要来源。

2. 调节财富分配

房屋是法人和个人拥有财富的主要形式。对房屋，尤其是对个人拥有的经营性房屋征收房产税，在调节财富分配方面可以发挥积极作用。

3. 有利于加强房产管理，配合城市住房制度改革

对房屋拥有者征收房产税，不仅可以调节单位、居民之间的财富分配，还有利于加强对房屋的管理，提高房屋的使用效益。另外，房产税规定对个人拥有的非营业用房屋不征房产税，可以鼓励个人建房、购房和改善住房条件，配合和推动城市住房制度改革。

相关知识

◆ 我国房产税制度的历史沿革及其改革方向

1. 房产税的历史沿革

中国现行房产税是在城市房地产税的基础上通过房产与地产分别课税而独立出来的一个税种。中华人民共和国成立后，1950 年 1 月，中央人民政府政务院颁布的《全国税政实施要则》中曾列有房产税，同年 6 月调整税收政策时，将房产税和地产税合并为城市房地产税。1951 年 8 月，政务院颁布了《城市房地产税暂行条例》。1973 年简化税制时，将对内资企业征收的城市房地产税并入了工商税，仅对房地产管理部门和个人以及外商投资企业，继续保留征收房产税。1984 年 10 月第二步利改税和全面改革工商税制时，确定对企业恢复征收城市房地产税。同时鉴于中国城市的土地属于国家所有，使用者没有土地产权的实际情况，将城市房地产税分为房产税和土地使用税。自 2009 年 1 月 1 日起，外商投资企业、外国企业和组织以及外籍个人，依照《中华人民共和国房产税暂行条例》缴纳房产税。1951 年 8 月 8 日政务院公布的《城市房地产税暂行条例》自 2009 年 1 月 1 日起废止。

现行房产税的法律依据主要是 1986 年 9 月国务院颁布的《中华人民共和国房产税暂行条例》(简称《房产税条例》)。20 世纪 90 年代中后期以来，我国经济体制改革使原有房产税税制设置的经济基础发生了巨大变化，房产税税制与经济发展不相适应的矛盾也日益突出。这种矛盾的深化，不仅使房产税税负不公的现象日趋扩大，也使房产税据实足额征收

步履维艰。主要有以下几个问题。

(1) 依房产原值征收房产税，则新旧房产税负、商业店铺与经营用房税负差别越来越大。这种因房产来源与使用者不同所产生的税负差距，将导致纳税人采取各种方法不缴或少缴房产税。

(2) 个人住房出租隐蔽性强、税收征收难度大。出租房产税费畸高导致纳税人想办法逃税。

(3)《房产税条例》规定的房产税征税范围是城市、县城、建制镇、工矿区。在市场经济由城市向农村纵深发展的现阶段，除少数偏远农村以外，农村的工业化生产和商品经营已相当普遍，但由于受现行房产税制限制，对这部分生产和经营房产的房产税征收没有政策上的依据。一些生产经营企业将自己的仓库或一部分生产用房放在农村，以减少税收开支。

2. 房产税改革的政策取向

(1) 统一房产税税率，从价计征。将房产税和城市房地产税合并，内资、外资企业实行同一税率，公平税负。以房产评估价作为计税依据，这样可以随着经济的发展和房产价格变化计征房产税。

(2) 房产税和土地使用税、契税、房产交易费等各种与房产相关的税费合并征收，减少各种税费征收环节，既有利于税费的规范征收，又有利于降低税费征收成本，还可以减小出租房产的土地使用税的征收难度。

(3) 用营业税和所得税调节出租房产收入。合理的房产流动不仅有利于经济的发展，而且为无力和不愿购房的人提供了多种住房选择。因此，出租房产的收入分配不能用房产税进行调节，而应通过调高营业税加以调节。

(4) 建立完善的财产登记管理制度和房地产评估制度。将所有的住宅房产全部纳入税务部门管理档案，规定个人住房免征面积或免征一套住房的房产税，超面积住房或两套以上住房征收房产税。对超大面积豪宅加成征收房产税。这样可以在一定程度上控制投机性住宅消费和飞速上涨的房价，也利于税务部门对房产税的征收管理。

(5) 扩大房产税征税范围。应将所有房产都纳入房产税征收范围，对目前征收条件不成熟的城市、用于个人住宅的房产，以及农村个人住宅房暂给予减免，到时机成熟时再统一开征。农村的生产经营用房应纳入房产税征收范围。

实战训练

一、单项选择题

1. 房产税是以房产为征税对象，依据房产价值或房产租金收入向产权所有人征收的一种(　　)。

A. 所得税　　B. 财产税

C. 流转税　　D. 特种税

2. 国务院于(　　)年9月15日发布《中华人民共和国房产税暂行条例》,并从同年10月1日起开始施行。

A. 1984　　B. 1985

C. 1986　　D. 1987

3. 下列选项中,哪一项不属于房产税的立法原则?(　　)

A. 筹集地方财政收入

B. 调节财富分配

C. 有利于加强房产管理,配合城市住房制度改革

D. 广集财政收入

4. 房产税和土地使用税、契税、(　　)等各种与房产相关的税费合并征收,可减少各种税费征收环节。

A. 房产交易费　　B. 印花税

C. 车船税　　D. 个人所得税

二、多项选择题

1. 房产税是地方政府取得财政收入的重要渠道,其原因为(　　)。

A. 房产有确定的坐落地　　B. 税源可靠

C. 税负轻　　D. 纳税面广

2. 房产税的特点有(　　)。

A. 属于财产税中的个别财产税

B. 征税范围限于城镇的经营性房屋

C. 区别房屋的经营使用方式规定征税办法

D. 由纳税人自行完成纳税义务

3. 房产税的立法原则是(　　)。

A. 促进我国经济法制化建设

B. 调节财富分配

C. 有利于加强房产管理,配合城市住房制度改革

D. 筹集地方财政收入

4.《房产税条例》规定的房产税征税范围是(　　)。

A. 城市　　B. 县城

C. 建制镇　　D. 工矿区

5. 房产税改革的政策取向包括(　　)。

A. 统一房产税税率，从价计征

B. 用营业税和所得税调节出租房产收入

C. 建立完善的财产登记管理制度和房地产评估制度

D. 扩大房产税征税范围

三、判断题

1. 拥有房屋的单位和个人，只可以将房屋用于经营自用，不可以把房屋用于出租、出典。（ ）

2. 在分税制体制下，财产税是各级地方财政的主体税。（ ）

3. 中国现行房产税是在城市房地产税的基础上通过房产与地产分别课税而独立出来的一个税种。（ ）

4. 我国目前将所有房产都纳入房产税征收范围。（ ）

5. 出租房产的收入分配不能用房产税进行调节，而应通过调高营业税加以调节。（ ）

四、问答题

1. 什么是房产税？房产税的特点有哪些？

2. 房产税的立法原则有哪些？

3. 我国房产税改革的政策取向有哪些？

2.2 房产税的征税对象、范围及纳税人

要 点

房产税的征税对象为位于城市、县城、建制镇和工矿区内的房产。征税范围为城市、县城、建制镇和工矿区。纳税人为征税范围内的房屋产权所有人。

解 释

◆ 房产税的征税对象

《房产税条例》规定，房产税的征税对象为位于城市、县城、建制镇和工矿区内的房产。房产是以房屋形态表现的财产，房屋是有屋面和围护结构(有墙或两边有柱)，能够遮风避雨，可供人们在其中生产、工作、学习、娱乐、居住或储藏物资的场所。独立于房屋之外的建筑物，如围墙、烟囱、水塔、变电塔、油池、油柜、酒窖、菜窖、酒精池、糖蜜池、室外游泳池、玻璃暖房、砖瓦石灰窑以及各种油气罐等，不属于房产。

◆ **房产税的征税范围**

《房产税条例》规定，房产税在城市、县城、建制镇和工矿区征收。

(1) 城市是指经国务院批准设立的市。城市的征税范围为市区、郊区和市辖县县城，不包括农村。

(2) 县城是指县人民政府所在地。

(3) 建制镇是指经省、自治区、直辖市人民政府批准设立的建制镇。建制镇的征税范围为镇人民政府所在地，不包括所辖的行政村。

(4) 工矿区是指工商业比较发达、人口比较集中，符合国务院规定的建制镇标准，但尚未设立镇建制的大中型工矿企业所在地。开征房产税的工矿区须经省、自治区、直辖市人民政府批准。

在上述开征地区范围内所有的房产，除另有规定免税者外，均应依法缴纳房产税。对不在开征地区范围内的房产，不征收房产税，如农村。

◆ **房产税的纳税人**

房产税以在征税范围内的房屋产权所有人为纳税人。

(1) 产权属国家所有的，由经营管理单位纳税；产权属集体和个人所有的，由集体单位和个人纳税。

(2) 产权出典的，由承典人纳税。产权出典是指产权所有人将房屋、生产资料等的产权，在一定期限内典当给他人使用，而取得资金的一种融资业务。这种业务大多发生于出典人急需用款，但又想保留产权回赎权的情况。承典人向出典人交付一定的典价之后，在质典期内即获抵押物品的支配权，并可转典。产权的典价一般要低于卖价。出典在规定期间内须归还典价的本金和利息，方可赎回出典房屋的产权。由于在房屋出典期间，产权所有人已无权支配房屋。因此，税法规定由对房屋具有支配权的承典人为纳税人。

(3) 产权所有人、承典人不在房屋所在地的，由房产代管人或者使用人纳税。

(4) 产权未确定及租典纠纷未解决的，也由房产代管人或者使用人纳税。租典纠纷是指产权所有人在房产出典和租赁关系上，与承典人、租赁人发生各种争议，特别是权利和义务的争议悬而未决的。对租典纠纷尚未解决的房产，规定由代管人或使用人为纳税人，主要目的在于加强征收管理，保证房产税及时入库。

(5) 无租使用其他房产的问题。纳税单位和个人无租使用房产管理部门、免税单位及纳税单位的房产，应由使用人代为缴纳房产税。

自2009年1月1日起，外商投资企业、外国企业和组织以及外籍个人(包括港澳台资企业和组织以及华侨、港澳台同胞，统称外资企业及外籍个人)依照《房产税暂行条例》缴纳房产税，属于房产税纳税人。

自2009年1月1日起，对外资企业及外籍个人的房产征收房产税，在征税范围、计税依据、税率、税收优惠、征收管理等方面按照《房产税暂行条例》及有关规定执行。

实例详解

【例2-1】 下列房产是否应当缴纳房产税?

(1) 房地产开发企业建造尚未出售的商品房；(2) 室外游泳池；(3) 农村的房屋；(4) 加油站罩棚。

【分析】

(1) 房地产开发企业建造尚未出售的商品房，对房地产开发企业而言是一种产品。在售出前，不征收房产税。但对出售前房地产开发企业已使用或出租、出借的商品房，应按规定征收房产税。

(2) 室外游泳池，是独立于房屋之外的建筑物，不属于房产，不征收房产税。

(3) 农村的房屋，不属于位于城市、县城、建制镇和工矿区范围内的房产，不征收房产税。

(4) 加油站罩棚不属于房产，不征收房产税。

实战训练

一、单项选择题

1. 下列各项中，不应当征收房产税的是(　　)。

A. 邮政部门坐落在城市、县城、建制镇、工矿区以外的房产

B. 施工期间，施工企业在基建工地搭建的临时办公用房完工后交由工程施工方使用

C. 行政机关所属的招待所使用的房产

D. 企事业单位按照市场价格向个人出租用于居住的住房

2. 下列关于房产税纳税人的说法中，错误的是(　　)。

A. 产权属于国家所有的，由经营管理单位纳税

B. 产权所有人不在房屋所在地的，由房产代管人或者使用人纳税

C. 外商投资企业也是房产税的纳税人

D. 纳税单位无租使用免税单位房产，不需要缴纳房产税

3. 下列各项需要缴纳房产税的是(　　)。

A. 某市的露天游泳池

B. 工矿区内的砖瓦石灰窑

C. 建制镇内的房屋

D. 房地产开发企业开发的待售商品房

4. 按照房产税暂行条例的规定,下列表述正确的是(　　)。

A. 军队房产租赁收入,免征房产税

B. 房屋大修停工 3 个月以上的房产免征房产税

C. 基建单位出资建造的施工期间使用的茶炉房,免征房产税

D. 企业按政府规定价格向职工出租的单位自有住房,从租计征房产税

5. 下列建筑物属于房产税应税房产的是(　　)。

A. 水塔　　B. 锅炉房

C. 玻璃暖房　　D. 围墙

二、多项选择题

1. 以下房产需要征收房产税的有(　　)。

A. 农民在本村自建用于出租的房屋

B. 大修理停用 3 个月的厂房

C. 政府机关用于出租的办公楼

D. 某公司将一栋办公楼无偿提供给公安机关使用

2. 以下符合房产税法规定的是(　　)。

A. 产权属于国家所有的房屋由经营管理单位缴纳

B. 产权出典的由出典人缴纳

C. 外商投资企业在房产所在地缴纳房产税

D. 自收自支的事业单位免纳房产税

3. 下列各项中,暂免征收房产税的有(　　)。

A. 房管部门向居民出租的公有住房

B. 文化体育单位出租的公有住房

C. 企业按政府规定价格向职工出租的单位自有住房

D. 个人对外出租经营的自有住房

4. 下列单位中,应按规定征收房产税的是(　　)。

A. 农村信用合作社　　B. 信托投资公司

C. 保险公司　　D. 各级中国人民银行

5. 下列属于房产税开征范围的是(　　)。

A. 城市　　　　B. 县城

C. 建制镇　　　　D. 村、屯

三、判断题

1. 个人出租的房产，不分用途，均应征收房产税。(　　)

2. 乡政府所在地属于房产税开征范围。(　　)

3. 房产代管人不属于房产税的纳税义务人。(　　)

4. 对房地产开发企业建造的商品房，在出售前，一律不征收房产税。(　　)

5. 公园、名胜古迹自用的房产，不包括对外营业的餐饮部用房。(　　)

四、问答题

1. 个人利用地下人防设施开店办厂，是否应征收房产税？为什么？

2. 房屋产权未确定的，房产税应如何缴纳？

2.3 房产税的计算

要 点

房产税按年计算，其应纳税额有两种计算方法：从价计征和从租计征。

解 释

◆ 房产税的计税依据

房产税的计税依据通常是房产的价值。房产的价值有三种表现形式：一是房产的原值，即房屋的造价；二是房产的净值，即房屋的原值扣除折旧后的价值；三是房产的市价，即买卖房屋的市场价值(价格)。

选择不同的房产价值形式计税，其征税效果有着明显不同。因此，在房产税税制设计时，决定对经营自用的房屋以房产计税余值作为计税依据，对出租的房屋按租金作为计税依据。这样，既可以将房屋的自然损耗因素和房屋后期的增值因素等综合考虑进去，同时也便于对不同房屋征税的分类管理。

房产税采用从价计征。计税办法分为按房产余值计税和按租金收入计税两种。

1. 对经营自用的房屋，以房屋的计税余值作为计税依据

房屋计税余值是指依照税法规定按房产原值一次减除10%～30%的损耗价值以后的余额。

(1) 房产原值是指纳税人按照会计制度规定，在账簿“固定资产”科目中记载的房屋原价。因此，凡按会计制度规定在账簿中记载有房屋原价的，应以房屋原价按规定减除一定比例后的房产余值计征房产税；没有记载房屋原价的，按照上述原则，并参照同类房屋，确定房产原值，按规定计征房产税。

(2) 房产原值应包括与房屋不可分割的各种附属设备或一般不单独计算价值的配套设施。主要有：暖气、卫生、通风、照明、煤气等设备；各种管线，如蒸汽、压缩空气、石油、给水排水等管道及电力、电讯、电缆导线，电梯、升降机、过道、晒台等。属于房屋附属设备的水管、下水道、暖气管、煤气管等应从最近的探视井或三通管起，计算原值；电灯网、照明线从进线盒连接管起，计算原值。

为了维持和增加房屋的使用功能或使房屋满足设计要求，凡以房屋为载体，不可随意移动的附属设备和配套设施，如给排水、采暖、消防、中央空调、电气及智能化楼宇设备等，无论在会计核算中是否单独记账与核算，都应计入房产原值，计征房产税。

(3) 纳税人对原有房屋进行改建、扩建的，要相应增加房屋的原值。

(4) 对于更换房屋附属设备和配套设施的，在将其价值计入房产原值时，可扣减原来相应设备和设施的价值；对附属设备和配套设施中易损坏，需要经常更换的零配件，更新后不再计入房产原值，原零配件的原值也不扣除。

(5) 自2006年1月1日起，凡在房产税征收范围内的具备房屋功能的地下建筑，包括与地上房屋相连的地下建筑以及完全建在地面以下的建筑、地下人防设施等，均应当依照有关规定征收房产税。

对于与地上房屋相连的地下建筑，如房屋的地下室、地下停车场、商场的地下部分等，应将地下部分与地上房屋视为一个整体，按照地上房屋建筑的有关规定计算征收房产税。

(6) 在确定计税余值时，房产原值的具体减除比例，由省、自治区、直辖市人民政府在税法规定的减除幅度内自行确定。这样规定，既有利于各地区根据本地情况，因地制宜地确定计税余值，又有利于平衡各地税收负担，简化计算手续，提高征管效率。

如果纳税人未按会计制度规定记载原值，在计征房产税时，应按规定

调整房产原值;对房产原值明显不合理的,应重新予以评估;对没有房产原值的,应由房屋所在地的税务机关参考同类房屋的价值核定。在原值确定后,再根据当地所适用的扣除比例,计算确定房产余值。对于扣除比例,一定要按由省、自治区、直辖市人民政府确定的比例执行。

(7) 按照《财政部国家税务总局关于安置残疾人就业单位城镇土地使用税等政策的通知》(财税[2010]121 号)第三条规定,对按照房产原值计税的房产,无论会计上如何核算,房产原值均应包含地价,包括为取得土地使用权支付的价款、开发土地发生的成本费用等。宗地容积率低于0.5 的,按房产建筑面积的 2 倍计算土地面积并据此确定计入房产原值的地价。

2. 对于出租的房屋,以租金收入为计税依据

房屋的租金收入,是房屋产权所有人出租房屋使用权所取得的报酬,包括货币收入和实物收入。对以劳务或其他形式作为报酬抵付房租收入的,应根据当地同类房屋的租金水平,确定租金标准,依率计征。

如果纳税人对个人出租房屋的租金收入申报不实或申报数与同一地段同类房屋的租金收入相比明显不合理,税务部门可以按照《税收征管法》的有关规定,采取科学合理的方法核定其应纳税款。具体办法由各省级地方税务机关结合当地实际情况制定。

3. 投资联营及融资租赁房产的计税依据

(1) 对投资联营的房产,在计征房产税时应予以区别对待。对于以房产投资联营,投资者参与投资利润分红,共担风险的,按房产的计税余值作为计税依据计征房产税;对以房产投资,收取固定收入,不承担联营风险的,实际是以联营名义取得房产租金,应根据《房产税条例》的有关规定,由出租方按租金收入计算缴纳房产税。

(2) 对融资租赁房屋的情况,由于租赁费包括购进房屋的价款、手续费、借款利息等,与一般房屋出租的“租金”内涵不同,且租赁期满后,当承租方偿还最后一笔租赁费时,房屋产权一般都转移到承租方,实际上是一种变相的分期付款购买固定资产的形式。因此,在计征房产税时应以房产余值计算征收。至于租赁期内房产税的纳税人,由当地税务机关根据实际情况确定。

4. 居民住宅区内业主共有的经营性房产的计税依据

对居民住宅区内业主共有的经营性房产,由实际经营(包括自营和出租)的代管人或使用人缴纳房产税。其中自营的,依照房产原值减除10%～30%后的余值计征,没有房产原值或不能将共有住房划分开的,由

房产所在地地方税务机关参照同类房产核定房产原值；出租的，依照租金计征。

◆ 房产税的税率

房产税采用比例税率。纳税人自用的房产，税率为房产余值的1.2%。纳税人出租的房产，税率为房产租金收入的12%。自2008年3月1日起，对个人出租住房，不区分用途，按4%的税率征收房产税；对企事业单位、社会团体以及其他组织按市场价格向个人出租用于居住的住房，暂减按4%的税率征收房产税。

自2006年1月1日起，自用的地下建筑，按以下方式计税：

工业用途房产，以房屋原价的50%～60%作为应税房产原值。

应纳房产税的税额＝应税房产原值×[1－(10%～30%)]×1.2%

商业和其他用途房产，以房屋原价的70%～80%作为应税房产原值。

应纳房产税的税额＝应税房产原值×[1－(10%～30%)]×1.2%

房屋原价折算为应税房产原值的具体比例，由各省、自治区、直辖市和计划单列市财政和地方税务部门在上述幅度内自行确定。

对于与地上房屋相连的地下建筑，如房屋的地下室、地下停车场、商场的地下部分等，应将地下部分与地上房屋视为一个整体，按照地上房屋建筑的有关规定计算征收房产税。

自2006年1月1日起，出租的地下建筑，按照出租地上房屋建筑的有关规定计算征收房产税。

◆ 应纳房产税额的计算

房产税的计税依据有两种，与之相对应的应纳税额的计算也分为两种：一是从价计征的计算；二是从租计征的计算。

1. 从价计征

从价计征是按房产原值一次减除10%～30%后的余值计算。其计算公式为：

年应纳税额＝房产计税余值×适用税率
＝房产账面原值×(1－扣除比例)×1.2%

2. 从租计征

其计算公式为：

年应纳税额＝年租金收入×适用税率(12%)

纳税人因房产的实物状态发生变化而依法终止房产税纳税义务的，

其应纳税款的计算应截止到房产的实物状态发生变化的当月末。

以上方法是按年计征的，如分期缴纳，如按半年缴纳，则以年应纳税额除以 2；按季缴纳，则以年应纳税额除以 4；按月缴纳，同以年应纳税额除以 12。

相关知识

◆ 房产税的税收优惠

依据《房产税暂行条例》及有关规定，下列房产免征房产税。

1. 国家机关、人民团体、军队自用的房产

"人民团体"是指经国务院授权的政府部门批准设立或登记备案的各种社会团体。例如，从事广泛群众性社会活动的团体，从事文学艺术、美术、音乐、戏剧的文艺工作团体，从事某种专门学术研究团体，从事社会公益事业的社会公益团体，等等。"自用的房产"是指这些单位本身的办公用房和公务用房。

2. 国家财政部门拨付事业经费单位自用的房产

事业单位自用的房产，是指这些单位本身的业务用房。

实行差额预算管理的事业单位，虽然有一定的收入，但收入不够本身经费开支的部分，还要由国家财政部门拨付经费补助。因此，对实行差额预算管理的事业单位，也属于是由国家财政部门拨付事业经费的单位，对其本身自用的房产免征房产税。

由国家财政部门拨付事业经费的单位，其经费来源实行自收自支后，应征收房产税。但为了鼓励事业单位经济自立，由国家财政部门拨付事业经费的单位，1990 年以前经费来源实行自收自支后，从事业单位经费实行自收自支的年度起，免征房产税三年。1990 年 1 月 1 日后，对经费来源实行自收自支的事业单位，不再享受三年免税照顾，应照章征收房产税。

3. 宗教寺庙、公园、名胜古迹自用的房产

宗教寺庙自用的房产，是指举行宗教仪式等的房屋和宗教人员使用的生活用房屋。

公园、名胜古迹自用的房产，是指供公共参观游览的房屋及其管理单位的办公用房屋。公园、名胜古迹中附设的营业单位，如影剧院、饮食部、茶社、照相馆等所使用的房产及出租的房产，应征收房产税。

对国家机关、人民团体、军队、国家财政部门拨付事业经费的单位，以及宗教寺庙、公园、名胜古迹自用的房产免征房产税，主要是考虑到这些

单位的经费来源由国家财政部门拨款，本身没有纳税能力。至于这些单位非自用的房产，如出租或作营业用的，因为已有收入来源和纳税能力，所以应按照规定征收房产税。

4. 个人拥有的非营业用的房产

对个人所有的非营业用房产给予免税，主要是为了照顾我国城镇居民目前住房的实际状况，鼓励个人建房、购房，改善居住条件，配合城市住房制度的改革。但是，对个人所有的营业用房或出租等非自用的房产，应按照规定征收房产税。

5. 经财政部批准免税的其他房产

根据《关于房产税若干具体问题的解释和暂行规定》及财政部、国家税务总局最新的相关规定，下列房产可免征房产税。

(1) 企业办的各类学校、医院、托儿所、幼儿园自用的房产，可以比照由国家财政部门拨付事业经费的单位自用的房产，免征房产税。

(2) 经有关部门鉴定，对毁损不堪居住的房屋和危险房屋，在停止使用后，可免征房产税。

(3) 自 2004 年 8 月 1 日起，对军队空余房产租赁收入暂免征收房产税；此前已征税款不予退还，未征税款不再补征。暂免征收房产税的军队空余房产，在出租时必须悬挂《军队房地产租赁许可证》，以备查验。

(4) 凡是在基建工地为基建工地服务的各种工棚、材料棚、休息棚和办公室、食堂、茶炉房、汽车房等临时性房屋，不论是施工企业自行建造还是由基建单位出资建造，交施工企业使用的，在施工期间，一律免征房产税。但是，如果在基建工程结束以后，施工企业将这种临时性房屋交还或者估价转让给基建单位的，应当从基建单位接收的次月起，依照规定征收房产税。

(5) 自 2004 年 7 月 1 日起，纳税人因房屋大修导致连续停用半年以上的，在房屋大修期间免征房产税，免征税额由纳税人在申报缴纳房产税时自行计算扣除，并在申报表附表或备注栏中做相应说明。

纳税人房屋大修停用半年以上需要免征房产税的，应在房屋大修前向主管税务机关报送相关的证明材料，包括大修房屋的名称、坐落地点、产权证编号、房产原值、用途、房屋大修的原因、大修合同及大修的起止时间等信息和资料，以备税务机关查验。具体报送材料由各省、自治区、直辖市和计划单列市地方税务局确定，并告知房产税的纳税人。

税务机关应对报告大修的房屋加强跟踪管理和检查，如发现虚假情况，按《税收征管法》的有关规定处理。

(6) 纳税单位与免税单位共同使用的房屋，按各自使用的部分划分，分别征收或免征房产税。

(7) 老年服务机构自用的房产暂免征收房产税。老年服务机构是指专门为老年人提供生活照料、文化、护理、健身等多方面服务的福利性、非营利性的机构，主要包括：老年社会福利院、敬老院(养老院)、老年服务中心、老年公寓(含老年护理院、康复中心、托老所)等。

(8) 从2001年1月1日起，对按政府规定价格出租的公有住房和廉租住房，包括企业和自收自支事业单位向职工出租的单位自有住房；房管部门向居民出租的公有住房；落实私房政策中带户发还产权并以政府规定租金标准向居民出租的私有住房等，暂免征收房产税。

(9) 对邮政部门坐落在城市、县城、建制镇、工矿区范围内的房产，应当依法征收房产税；对坐落在城市、县城、建制镇、工矿区范围以外、尚在县邮政局内核算的房产，在单位财务账中划分清楚的，从2001年1月1日起不再征收房产税。

(10) 对房地产开发企业建造的商品房，在出售前不征收房产税。但对出售前房地产开发企业已使用或出租、出借的商品房应按规定征收房产税。

(11) 自2001年1月1日至2008年12月31日，对为高校学生提供住宿服务并按高教系统收费标准收取租金的学生公寓，免征房产税。

(12) 自2000年1月1日至2008年年底，对从原高校后勤管理部门剥离出来而成立的进行独立核算并有法人资格的高校后勤经济实体自用的房产免征房产税。

(13) 铁道部所属铁路运输企业自用的房产，继续免征房产税。铁道部所属铁路运输企业的范围包括：铁路局、铁路分局(包括客货站、编组站、车务、机务、工务、电务、水电、车辆、供电、列车、客运段)、中铁集装箱运输有限责任公司、中铁特货运输有限责任公司、中铁行包快递有限责任公司、中铁快运有限公司。

地方铁路运输企业自用的房产，应缴纳的房产税比照铁道部所属铁路运输企业的政策执行。

(14) 对行使国家行政管理职能的中国人民银行总行(含国家外汇管理局)所属分支机构自用的房产，免征房产税。

对其他专业银行等金融机构(包括信托投资公司、城乡信用合作社，以及经中国人民银行批准设立的其他金融组织)和保险公司的房产，均应按规定征收房产税。

(15) 天然林保护工程相关房产免税。

自2004年1月1日至2010年12月31日，对长江上游、黄河中上游地区，东北、内蒙古等国有林区天然林资源保护工程实施企业和单位用于天然林保护工程的房产，免征房产税。对上述企业和单位用于天然林资源保护工程以外其他生产经营活动的房产，仍按规定征收房产税。对由于国家实行天然林资源保护工程造成森工企业的房产闲置1年以上不用的，暂免征收房产税；闲置房产用于出租或企业重新用于天然林资源保护工程之外的其他生产经营的，应依照规定征收房产税和城镇土地使用税。用于国家天然林资源保护工程的免税房产应单独划分，与其他应税房产划分不清的，应按规定征税。

(16) 国家直属储备粮、棉、糖、肉、盐库。

(17) 对承担地方粮、油、棉、糖、肉等商品储备任务的地方商品储备管理公司及其直属库经营上述地方储备商品业务自用的房产、土地，到2008年12月31日前免征房产税。

(18) 自2010年9月27日起，对经营公租房所取得的收入，免征房产税、营业税。公租房租金收入与其他租金收入应单独核算，未单独核算的，不得享受免征营业税、房产税优惠政策(此政策执行期暂定为三年)。

(19) 自2009年1月1日至2011年6月30日，对向居民供热而收取采暖费的供热企业，为居民供热所使用的厂房及土地继续免征房产税、城镇土地使用税。对既向居民供热，又向单位供热或者兼营其他生产经营活动的供热企业，按其向居民供热而取得的采暖费收入占企业总收入的比例划分征免税界限。

(20) 2009年1月1日至2010年12月31日，对高校学生公寓免征房产税。

(21) 2007年8月1日起，对廉租住房经营管理单位按照政府规定价格、向规定保障对象出租廉租住房的租金收入，免征营业税、房产税。对廉租住房、经济适用住房建设用地以及廉租住房经营管理单位按照政府规定价格，向规定保障对象出租的廉租住房用地，免征城镇土地使用税。

实例详解

【例2-2】 下列房产是否应当征收房产税和应当如何征收房产税？

(1) 投资联营的房产；(2) 融资租赁的房产；(3) 居民住宅区内业主共有的经营性房产；(4) 具备房屋功能的地下建筑。

【分析】

(1) 投资联营的房产，如果投资者参与投资利润分红，共担风险的，按房产余值的1.2%征收房产税;对于以房产投资,收取固定收入,不承担联营风险的,实际上是以联营名义取得房产的租金,按出租方取得的租金收入的12%征收房产税。

(2) 融资租赁的房产,由承租人自融资租赁合同约定开始日的次月起依照房产余值缴纳房产税。合同未约定开始日的,由承租人自合同签订的次月起依照房产余值缴纳房产税。

(3) 居民住宅区内业主共有的经营性房产,对实际经营(包括自营和出租)的代管人或使用人征收房产税。其中自营的,以房产原值减除10%~30%后的余值为税基,并按1.2%征收房产税,没有房产原值或不能将业主共有房产与其他房产的原值准确划分开的,由房产所在地地方税务机关参照同类房产核定房产原值;房产出租的,按租金收入的12%征收房产税。

(4) 具备房屋功能的地下建筑,包括与地上房屋相连的地下建筑以及完全建在地面以下的建筑、地下人防设施等,有屋面和维护结构,能够遮风避雨,可供人们在其中生产、经营、工作、学习、娱乐、居住或储藏物资,具有房产的特点,对此应征收房产税。

【例 2-3】 某企业2009年的经营性用房原值为4 000万元,按照当地允许减除30%后余值计税,适用税率为1.2%。计算该企业2009年应纳房产税税额。

【分析】 应纳税额=4 000×(1-30%)×1.2%=33.6(万元)

【例 2-4】 某企业坐落在市区,2008年其厂房、办公用房原值为6 000万元,其中出租给某个体户从事服装经营的房产原值为800万元,年租金80万元。当地规定的计算房产税计税扣除比例为30%。计算该企业全年应纳的房产税。

【分析】 应纳税额=(6 000-800)×(1-30%)×1.2%+80×12%=53.28(万元)

实战训练

一、单项选择题

1. 我国房产税采用(　　)。

A. 超额累进税率　　B. 幅度比例税率

C. 定额税率　　D. 比例税率

2.《中华人民共和国房产税暂行条例》规定,房产税依照房产原值一次减除(　　)后的余值计算缴纳。

A. 10%～20%　　B. 10%～30%

C. 20%　　D. 30%

3. 下列关于房产税税率说法正确的是(　　)。

A. 房产出租的依照租金收入计算征收房产税,按实际租金收入计算应纳税额,生产经营用房产税率为1.2%

B. 房产出租的依照租金收入计算征收房产税,按实际租金收入计算应纳税额,生产经营用房产税率为4%

C. 房产出租的依照租金收入计算征收房产税,按实际租金收入计算应纳税额,生产经营用房产税率为5%

D. 房产出租的依照租金收入计算征收房产税,按实际租金收入计算应纳税额,生产经营用房产税率为12%

4. 房产税的计税依据是(　　)。

A. 房产价值　　B. 房产余值

C. 房产原值　　D. 房产净值

5. 免征营利性医疗机构房产税的条件有(　　)。

A. 营利性医疗机构取得的收入,直接用于改善医疗卫生条件

B. 营利性医疗机构取得的收入,直接用于改善办公条件

C. 营利性医疗机构经营三年

D. 无条件

二、多项选择题

1. 按照房产租金收入计算房产税所适用的税率是(　　)。

A. 12%　　B. 4%

C. 5%　　D. 1.2%

2. 下列房产属于免税范围的是(　　)。

A. 单位办的学校、医院(诊所)、幼儿园、托儿所、敬老院自用的房产

B. 停产的企业在停产期间出借的房产

C. 经有关部门鉴定,已停止使用的毁损房屋和危险房屋

D. 不对外营业的企业职工浴池

3. 个人所有的出租房屋,房产税的计税依据确定错误的是(　　)。

A. 房产原值　　B. 租金收入

C. 房产原值或租金收入均可　　D. 由税务机关确定计税依据

4. 同一房产既有征税的,又有免税的,房产税应(　　)

A. 按各自使用部分分别计算征免房产税

B. 划分不清的一律征税

C. 全部免征

D. 全部征收

5. 个人所有的出租房屋，房产税的计税依据确定错误的是(　　)。

A. 税务机关核定的房产价值　B. 租金收入

C. 房产原值或租金收入均可　D. 按纳税人房产的购入价值

三、判断题

1. 对个人按市场价格出租的居民住房，可暂按其租金收入征收4%的房产税。(　　)

2. 在中国境内工程尚未决算已经投入使用的新建房产，应依照基建计划价值减除30%后的余值计算征收房产税。(　　)

3. 因严重自然灾害等不可抗力致使纳税人遭受重大损失的房产可以向主管税务机关申请减免房产税。(　　)

4. 个人无租出借租房屋，房产原值或租金收入均可作为房产税的计税依据。(　　)

5. 异地拥有房产，但没有设立公司或办事处，房产税应在房产所在地申报缴纳房产税。(　　)

四、计算题

1. 某企业2010年年底自有经营用房原值3 500万元，按照当地规定允许减除30%后余值计税，适用税率为1.2%。计算该企业2010年应纳的房产税。

2. 甲企业2009年将三间房屋出租给某个体户从事餐饮经营，年租金收入为40 000元，适用税率为12%。计算该公司当年应纳的房产税。

3. 某单位坐落在市区，2010年其厂房、办公用房原值为7 000万元，其中出租给某贸易公司使用的房产原值为1 000万元，年租金80万元。当地规定的计算房产税计税扣除比例为30%。计算该企业全年应纳的房产税。

2.4 房产税的申报缴纳及账务处理

要　点

房产税实行按年征收，分期缴纳。企业应根据国家对其从事的具体业务类型和所处行业的具体规定来及时缴纳房产税。企业应在“应交税费”账户下设置“应交房产税”明细账户进行核算。

解 释

◆ 房产税纳税义务发生时间

房产税纳税义务发生时间依据纳税人将应税房产用于自用还是出租分别确定。

(1) 将原有房产用于生产经营,从生产经营之月起,计征房产税。

(2) 自行新建房屋用于生产经营,自房屋建成之次月起计征房产税。

(3) 委托施工企业建设的房屋,从办理验收手续之次月起计征房产税。

(4) 购置新建商品房,自房屋交付使用之次月起计征房产税。

(5) 购置存量房,自办理房屋权属转移、变更登记手续,房地产权属登记机关签发房屋权属证书之次月起计征房产税。

(6) 出租、出借房产,自交付出租、出借房产之次月起计征房产税。

(7) 房地产开发企业自用、出租、出借本企业建造的商品房,自房屋使用或交付之次月起计征房产税。

(8) 自 2009 年 1 月 1 日起,纳税人因房产的实物或权利状态发生变化而依法终止房产税纳税义务的,其应纳税款的计算应截至房产的实物或权利状态发生变化的当月末。

(9) 融资租赁的房产,由承租人自融资租赁合同约定开始日的次月起依照房产余值缴纳房产税。合同未约定开始日的,由承租人自合同签订的次月起依照房产余值缴纳房产税。

◆ 房产税的纳税期限

房产税实行按年计算、分期缴纳的征收方法。纳税期限由省、自治区、直辖市人民政府确定。各地一般按季或半年征收。

◆ 房产税的纳税地点

房产税在房产所在地缴纳。房产不在同一地方的纳税人,应按房产的坐落地点分别向房产所在地的税务机关缴纳。

◆ 房产税的纳税申报要求

房产税的纳税申报,是房屋产权所有人或纳税人缴纳房产税必须履行的法定手续。房产税按年征收,分次缴纳,凡负有房产税纳税义务的纳税人应于每年 4 月、10 月的前 15 日内向税务机关办理纳税申报手续,也可以一次申报缴纳全年应纳税款,申报缴纳期为每年的 4 月 1 日至 4 月

15 日。分两次纳税的，10 月 1 日至 15 日内使用票表合一方式办理纳税申报，不需填报申报附表。房产税纳税申报表如表 2-1 所示。

表 2-1 房产税纳税申报表

填表日期　　　　　　年　月　日　　　　　　金额：元(列至角分)

纳税人识别号 | | | | | | | | | | | | | | | |

<table>
<tr><td colspan="3">纳税人名称</td><td colspan="7"></td><td colspan="3">税款所属时期</td><td colspan="5"></td></tr>
<tr><td colspan="3">房产坐落地点</td><td colspan="7"></td><td colspan="2">建筑面积(m^2)</td><td></td><td colspan="2">房屋结构</td><td colspan="3"></td></tr>
<tr><td rowspan="2">上期申报房产原值(评估值)</td><td rowspan="2">本期增减</td><td rowspan="2">本期实际房产原值</td><td colspan="3">其　中</td><td rowspan="2">扣除率%</td><td colspan="3">以房产余值计征房产税</td><td colspan="3">以租金收入计征房产税</td><td rowspan="2">全年应纳税额</td><td rowspan="2">缴纳次数</td><td colspan="3">本　期</td></tr>
<tr><td>从价计税的房产原值</td><td>从租计税的房产原值</td><td>税法规定的免税房产原值</td><td>房产余值</td><td>税率</td><td>应纳税人</td><td>租金收入</td><td>税率</td><td>应纳税额</td><td>应纳税额</td><td>已纳税额</td><td>应补(退)税额</td></tr>
<tr><td></td><td></td><td></td><td></td><td></td><td></td><td></td><td></td><td></td><td></td><td></td><td></td><td></td><td></td><td></td><td></td><td></td><td></td></tr>
<tr><td></td><td></td><td></td><td></td><td></td><td></td><td></td><td></td><td></td><td></td><td></td><td></td><td></td><td></td><td></td><td></td><td></td><td></td></tr>
<tr><td></td><td></td><td></td><td></td><td></td><td></td><td></td><td></td><td></td><td></td><td></td><td></td><td></td><td></td><td></td><td></td><td></td><td></td></tr>
<tr><td colspan="2">合　计</td><td></td><td></td><td></td><td></td><td></td><td></td><td></td><td></td><td></td><td></td><td></td><td></td><td></td><td></td><td></td><td></td></tr>
<tr><td colspan="6">如纳税人填报，由纳税人填写以下各栏</td><td colspan="10">如委托代理人填报，由代理人填写以下各栏</td><td colspan="2">备　注</td></tr>
<tr><td colspan="3" rowspan="3">会计主管
(签章)</td><td colspan="3" rowspan="3">纳税人
(公章)</td><td colspan="3">代理人名称</td><td colspan="3"></td><td colspan="4" rowspan="2">代理人</td><td colspan="2" rowspan="3"></td></tr>
<tr><td colspan="3">代理人地址</td><td colspan="3"></td></tr>
<tr><td colspan="3">经办人姓名</td><td colspan="3"></td><td colspan="2">电　话</td><td colspan="2"></td></tr>
<tr><td colspan="18">以下由税务机关填写</td></tr>
<tr><td colspan="5">收到申报日期</td><td colspan="7"></td><td colspan="4">接收人</td><td colspan="2"></td></tr>
</table>

◆ 房产税的账务处理

房产税一般是按年征收，分期缴纳的。如果房产税按月缴纳或分期缴纳，但税款金额不大的，可在按规定计算出应纳的房产税时，直接借记“管理费用”等科目；如果企业分期缴纳，而且每期缴纳的房产税数额比较大时，可以通过“待摊费用”科目，分期摊入有关成本费用中去。企业所处的行业不同，其会计处理程序也不同，具体如下。

1. 直接在管理费用中列支

对于企业按月缴纳或按季、半年一年为期间缴纳房产税且税款数额相对不大的，可以直接计入缴纳当期的管理费用中去。

2. 分期摊销房产税

对于企业分季度、半年或者一年等期间缴纳相关房产税、且金额比较大的，这时可以采用分期待摊的办法。

企业应按半年期限计算出缴纳的房产税，此时需借记“待摊费用”科目，同时贷记“应交税费——应交房产税”科目；待企业实际以银行存款缴纳房产税时再借记“应交税费——应交房产税”，同时贷记“银行存款”；最后逐月进行分摊应缴纳的房产税时，按借记“管理费用”，贷记“待摊费用”处理。

实例详解

【例 2-5】 某餐饮服务公司 2009 年度自有房屋 10 栋，其中 8 栋用于经营餐饮，房产原值 960 万元；2 栋房屋租给乙公司作经营用房，年租金收入 55 万元。计算该公司 2009 年应缴纳的房产税并做会计处理。（当地政府规定房产税计算余值的扣除比例为 30%。）

【分析】 自有房产年应纳税额＝960×(1－30%)×1.2%＝8.06(万元)

出租房产年应纳税额＝55×12%＝6.6(万元)

2009 年应纳税额＝8.06＋6.6＝14.66(万元)

每季度计提房产税时的会计处理为：

借：管理费用　　36 650

　　贷：应交税费——应交房产税　　36 650

缴纳房产税时的会计处理为：

借：应交税费——应交房产税　　36 650

　　贷：银行存款　　36 650

【例 2-6】 某高新技术企业 2010 年 12 月 31 日“固定资产——房产”账面原值为 1 800 000 元。2010 年 2 月 1 日，企业将房产原值为 950 000 元的房屋租给其他单位使用，每年收取租金 100 000 元。当地政府规定，按房产原值扣除 30%后作为房产余值，适用税率 1.2%纳税；对于出租房屋取得租金的房产，按其租金收入适用 12%的年税率纳税；房产税按年计算，分季缴纳。试计算该企业1～3月应纳房产税并进行会计处理。

【分析】

(1) 1月份按房产余值计算全年应纳税额为：

年应纳税额＝1 800 000×(1－30%)×1.2%＝15 120(元)

月应纳税额＝年应纳税额÷12＝15 120÷12＝1 260(元)

则1月份应纳税额为1 260元，1月末应做如下会计分录：

借：管理费用　　1 260

　　贷：应交税费——应交房产税　　1 260

(2) 2月份企业应按房产余值和租金收入分别计算应纳税额：

首先，按房产余值计算的应纳税额为：

年应纳税额＝(1 800 000－950 000)×(1－30%)×1.2%＝7 140(元)

月应纳税额＝7 140÷12＝595(元)

其次，按租金收入计算的应纳税额为：

年应纳税额＝100 000×12%＝12 000(元)

月应纳税额＝12 000÷12＝1 000(元)

则2月份、3月份应纳房产税税额均为：

月应纳税额＝595＋1 000＝1 595(元)。

2月末、3月末企业应分别编制如下会计分录：

借：管理费用　　1 595

　　贷：应交税费——应交房产税　　1 595

(3) 4月初企业交纳第一季度的应纳税额＝1 260＋1 595＋1 595＝4 450(元)。其会计分录为：

借：应交税费——应交房产税　　4 450

　　贷：银行存款　　4 450

【例2-7】 某工厂2010年1月1日拥有房产原值为870万元，其中有一部分房产为企业所办幼儿园使用，原值为150万元。当地政府规定，按原值一次减除20%后的余值计算应纳税额，按年计算，分月缴纳。试计算1月份企业应纳房产税并进行会计处理。

【分析】 按规定，企业办的幼儿园自用的房产，免征房产税。则企业应纳房产税税额：

年应纳税额＝(8 700 000－1 500 000)×(1－20%)×1.2%＝69 120(元)

月应纳税额＝69 120÷12＝5 760(元)

则每月末企业计算应纳税额时：

借：管理费用　　5 760

　　贷：应交税费——应交房产税　　5 760

企业在实际缴纳税款时：

借：应交税费——应交房产税　　5 760

　　贷：银行存款　　5 760

【例 2-8】 某企业位于大连市郊区，其生产经营用房的房产原值 5 250 万元，包括相关设备费 150 万元。该企业还建有一所职业学校、一座内部职工医院和一所幼儿园，房产原值分别为 320 万元、200 万元和 130 万元。另外，该企业在郊区以外的农村还建有一个仓库，房产原值 300 万元。当地规定允许减除房产原值的 30%，该企业应缴房产税按年计算，一次缴纳。该企业应缴房产税的计算及会计处理为？

【分析】 该企业自办的学校、医院、幼儿园自用的房产以及设在农村的仓库，均可免征房产税。因此，全年应纳房产税额＝5 250×(1－30%)×1.2%＝44.1(万元)

借：待摊费用　　441 000

　　贷：应交税费——应交房产税　　441 000

按月摊销房产税时：每月摊销额＝441 000÷12＝36 750(元)

借：管理费用——房产税　　36 750

　　贷：待摊费用　　36 750

实际缴纳房产税时：

借：应交税费——应交房产税　　441 000

　　贷：银行存款　　441 000

实战训练

一、单项选择题

1. 房产不在一地的纳税人应向(　　)的税务机关缴纳房产税。

A. 核算地　　B. 房产所在地

C. 产权登记地　　D. 法人代表居住地

2. 关于房产税纳税地点的一般规定为(　　)。

A. 房产坐落地　　B. 机构所在地

C. 产权所有人居住地　　D. 使用人所在地

3. 下列有关房产税纳税义务发生时间的说法中正确的是(　　)。

A. 纳税人将房屋出典的，以签订合同的时间为纳税义务发生时间

B. 纳税人委托施工企业建设的房屋从完工的次月计算纳税
C. 纳税人自建房屋的，自房屋建成之日起开始缴纳房产税
D. 纳税人办理验收手续之前已经使用的房屋，使用的次月起应征收房产税

4. 下列有关房产税的纳税期限，表述正确的是（　　）。
A. 纳税人自建房屋并用于生产经营的，自房屋建成之日起缴纳房产税
B. 纳税人委托施工企业建设的房屋，自办理验收手续之日起缴纳房产税
C. 纳税人办理验收手续之前已经使用的房屋，应从使用的当月起缴纳房产税
D. 将原有房产用于生产经营的，从生产经营之日次月起缴纳房产税

5. 下列关于房产税纳税义务发生时间正确的是（　　）。
A. 自行新建房屋用于生产经营，自房屋开建当月起计征房产税
B. 委托施工企业建设的房屋，从办理验收手续当月起计征房产税
C. 购置新建商品房，自房屋交付使用之日次月起计征房产税
D. 购置存量房，自办理房屋权属转移、变更登记手续，房地产权属登记机关签发房屋权属证书当月起计征房产税

二、多项选择题

1. 以下关于房产税纳税期限以及纳税申报的表述中，正确的是（　　）。

A. 房产税实行按年征收，分期缴纳
B. 房产税的纳税期限由省、自治区、直辖市人民政府确定
C. 房产税一般按月、季、半年预征
D. 纳税人住址发生变更、产权发生转移，应按规定及时向税务机关办理变更登记

2. （　　）时，应于变动后15日内向房产所在地税务机关申报办理纳税变更手续。

A. 纳税人改变房产用途　　B. 纳税人拆毁房产
C. 纳税人产权产生转移　　D. 纳税人出租房产

3. 下列说法错误的是（　　）。
A. 纳税人购置商品房，自房屋交付使用之日次月起计征房产税
B. 纳税人购置商品房，自房屋买卖合同签订之日次月起计征房产税
C. 纳税人购置商品房，自房屋房照下发之日次月起计征房产税

D. 纳税人购置商品房，自房屋发票开具之日次月起计征房产税

4. 下列说法正确的是(　　)。

A. 纳税人新建、扩建、改建、购置、拆毁、出售或出租房产，均应于变动后 15 日内向房产所在地税务机关申报办理纳税变更手续

B. 纳税人新建、扩建、改建、购置、拆毁、出售或出租房产，均应于变动后 30 日内向房产所在地税务机关申报办理纳税变更手续

C. 纳税人发生住址变更、租金收入变化、产权转移、改变房产用途等，均应于变动后 15 日内向房产所在地税务机关申报办理纳税变更手续

D. 纳税人发生住址变更、租金收入变化、产权转移、改变房产用途等，均应于变动后 30 日内向房产所在地税务机关申报办理纳税变更手续

5. 对于以房产投资联营，投资者参与投资利润分红，共担风险的情况，房产税计税依据确定错误的是(　　)。

A. 租金收入　　B. 房产原值

C. 房产的评估值　　D. 由税务机关核定的计税租金

三、判断题

1. 根据房产税若干具体问题暂行规定，纳税人自建的房屋，自建成次日起征收房产税。(　　)

2. 关于房产税纳税地点的一般规定为纳税人机构所在地。(　　)

3. 纳税人应于每季最后一个月份的 10 日前缴纳税款，纳税较少的，具体纳税期限由市、地、州税务局确定。(　　)

4. 企业搬迁后原房产不使用的，免征房产税。免征税额由企业在申报缴纳房产税时自行计算扣除，并在申报表附表或备注栏中做相应说明。(　　)

5. 房产不在同一地方的纳税人，以纳税人机构所在地为房产税纳税地点。(　　)

四、问答题

1. 某出租公司 2010 年全年取得房屋出租租金收入 400 万元，全年应缴出租房屋的房产税 57.6 万元，试做计提房产税的会计处理。

2. 某餐饮将营业用房出租给个体户经营小吃，全年取得租金收入 300 万元已记入科目其他业务收入科目，应纳房产税 4 万元。试做计提的会计处理。

2.5 房产税节税技巧

要 点

房产税是以房屋为征税对象，按照房屋的计税余值或租金收入，向产权所有人征收的一种财产税。本节通过案例对房产税进行纳税筹划，以帮助企业降低纳税负担。

解 释

◆ **合理确定房产税征收对象节税技巧**

根据《房产税暂行条例》规定，房产税在城市、县城、建制镇和工矿区征收，由产权所有人、承典人缴纳，房产代管人或者使用人缴纳。这就意味着，在这范围之外的房产不用征收房产税。税法规定，房产税是以房屋为征税对象。企业自用房产依照房产原值一次减除10%～30%后的余值计算缴纳。房产出租的，以房产租金收入为房产税的计税依据。房产税的税率，依照房产余值计算缴纳的，税率为1.2%。房产原值是指纳税人按照会计制度规定，在账簿"固定资产"科目中记载的房屋原价。因此，对于自用房产应纳房产税的筹划应当紧密围绕房产原值的会计核算进行。独立于房屋之外的建筑物，如酒窖菜窖、室外游泳池、玻璃暖房、各种油气罐等，则不属于房产。与房屋不可分离的附属设施，属于房产。如果将除厂房、办公用房以外的建筑物建成露天的，并且把这些独立建筑物的造价同厂房、办公用房的造价分开，在会计账簿中单独核算，则这部分建筑物的造价不计入房产原值，不缴纳房产税。

◆ **合理选择房产税的计征方式节税技巧**

房产税的计征方式有两种，一是从价计征，二是从租计征。从价计征的房产税，是以房产余值为计税依据，即按房产原值一次减除10%～30%后的余值的1.2%计征。从租计征的房产税，是以房屋出租取得的租金收入为计税依据，税率为12%。企业可以根据实际情况选择计征方式，通过比较两种方式税负的大小，选择税负低的计征方式，以达到节税的目的。

(1) 对于房产拥有者，具体选择租赁或仓储，可以通过下式来确定：

假设某企业的房产原值为Y，收取年租金为Z，所在地规定"从价计征”房产税时的减除比例为A(A代表10%～30%中的任何数据)，那么从价计征应缴房产税为：Y×(1－A)×1.2%；从租计征应缴房产税为Z×12%。

当Z×12%＞Y×(1－A)×1.2%，也即Y÷Z＜10÷(1－A)时，选择从价计征合算；反之，选择从租计征合算。如果Y÷Z＝10÷(1－A)时，则租赁或仓储在房产税筹划上没有了多大的意义，纳税人参考其他因素考虑就行了。因此，房产税从价计征与从租计征两种不同计征方式导致房产税税金的差异，为房产税的纳税筹划提供了空间。

(2) 利用房产转租方式，降低房产税从租计征税额。

进行上述税收筹划时需重点关注房产转租人多缴纳的营业税及附加需大于房产出租人减少的房产税支出，税收筹划方案方可行，如设海叶公司房产转租后租金为B(本例B＝60万元)，海星公司将餐厅出租给海叶公司租金为A(本例A＝30万元)，需满足(B－A)×12%－B×5.50%大于0，得出B应大于1.8462×A，(本例满足上述要求)，如不能满足B大于1.8462×A，则税收筹划方案不可行。

(3) 将房产出租合同变更为物业管理合同，享受从价计征房产税的低税负。

(4) 按企业所得税法规定，将房产资本性大修理支出转为收益性小修理支出降低计税基础。

◆ 降低租金收入节税技巧

房产出租的，房产税采用从租计征方式，以租金收入作为计税依据，按12%税率计征。对于出租方的代收项目收入，应当与实际租金收入分开核算，分开签订合同，从而降低从租计征的计税依据。

◆ 利用房产税税收优惠节税技巧

利用房产税的税收优惠进行筹划也是税收筹划的重点。例如，税法规定，对个人按照市场价格出租的居民住房，房产税减按4%的税率征收。因此，纳税人在出租房时，可使用市场价格，享受税收优惠。又如，税法规定房产大修停用半年以上，经税务机关审核在大修期间可以免税，因此，纳税人理应加以合理利用。总之，纳税人对于税收优惠政策应仔细研究，合理运用，从而达到税收筹划的目的。

房产税在城市、县城、建制镇和工矿区征收，不包括农村。在不影响企业生产经营的情况下，可将企业设立在农村，则可免缴房产税。

实例详解

【例 2-9】 甲企业位于某市市区，企业除厂房、办公用房外，还包括厂区围墙、烟囱、水塔、变电塔、游泳池、停车场等建筑物，总计工程造价 10 亿元，除厂房、办公用房外的建筑设施工程造价 2 亿元。假设当地政府规定的扣除比例为 30%。如何进行节税筹划？

【分析】 方案一：将所有建筑物都作为房产计入房产原值。应纳房产税＝100 000×(1－30%)×1.2%＝840(万元)。

方案二：将游泳池、停车场等都建成露天的，在会计账簿中单独核算。应纳房产税＝(100 000－20 000)×(1－30%)×1.2%＝672(万元)。

由此可见，方案二比方案一少缴房产税 168 万元。

【例 2-10】 甲企业现有 5 栋闲置库房，房产原值为 2 000 万元，企业经研究提出以下两种利用方案：一是将闲置库房出租收取租赁费，年租金收入为 200 万元；二是配备保管人员将库房改为仓库，为客户提供仓储服务，收取仓储费，年仓储收入为 200 万元，但需每年支付给保管人员 2 万元。当地房产原值的扣除比例为 30%。如何进行节税筹划？

【分析】 方案一：采用出租方案

应纳房产税＝200×12%＝24(万元)

应纳营业税＝200×5%＝10(万元)

应交城建税及教育费附加＝10×(7%＋3%)＝1(万元)

共支出 35 万元。

方案二：采用仓储方案

应纳房产税＝2 000×(1－30%)×1. 2%＝16.8(万元)

应纳营业税＝200×5%＝10(万元)

应交城建税及教育费附加＝10×(7%＋3%)＝1(万元)

应支付给保管人员 2 万元

共支出 29.8 万元。

由此可见，方案二比方案一少支出 5.2 万元。

【例 2-11】 东华公司拟考虑将企业两间仓库用于存放公司产品(即自用仓储)或用于对外出租，仓库计税原值 200 万元，用于对外出租可获取出租房产租金 18 万元，当地规定的房产税扣除比例为 30%。如何筹划可以达到节税的目的？

【分析】 两种方式下房产税计算如下：

计算房产税税负平衡点：出租房产租金/房产原值＝18/200＝9%，高于税负平衡点 7%，自用仓储方式房产税较低，应采取自用仓储方式。

具体测算如下：

自用仓储房产税税金＝房产原值×（1－30%）×1.2%＝200×0.84%＝1.68(万元)

出租房产税税金＝出租房产租金×12%＝18×12%＝2.16(万元)，比自用仓储房产税税金高2.16－1.68＝0.48(万元)，可见高于税负平衡点，企业应采取自用仓储方式节约房产税支出。

接上例：如出租房产租金改为12万元，两种方式下房产税计算如下：

计算房产税税负平衡点：出租房产租金/房产原值＝12/200＝6%，低于税负平衡点7%，对外出租方式房产税较低应采取对外出租方式。具体测算如下：

自用仓储房产税税金＝房产原值×0.84%＝200×0.84%＝1.68(万元)

出租房产税税金＝出租房产租金×12%＝12×12%＝1.44(万元)，比自用仓储房产税税金低(1.68－1.44)＝0.24(万元)，可见低于税负平衡点，企业应采取对外出租方式节约房产税支出。

【例2-12】 海星公司有一餐厅计税原值600万元，每年对外出租收取房产租金60万元，海星公司出租餐厅应缴纳房产税税金＝60×12%＝7.20(万元)，应缴纳的营业税及附加＝60×5%×(1＋7%＋3%)＝3.30(万元)，海星公司合计税负＝7.20＋3.30＝10.50(万元)。试进行节税筹划。

【分析】 对海星公司应缴纳房产税进行税收筹划，考虑到根据《房产税暂行条例》规定，房产税由产权所有人缴纳，房产转租人不是产权所有人，不缴纳房产税，可制定税收筹划方案如下：

海星公司改变餐厅出租方式，将餐厅以每年30万元的租金价格出租给下属全资子公司海叶公司，海叶公司将餐厅对外再次出租，收取出租餐厅租金60万元。

海星公司出租餐厅应缴纳房产税税金＝30×12%＝3.60(万元)

应缴纳的营业税及附加＝30×5%×(1＋7%＋3%)＝1.65(万元)

海星公司合计税负＝3.60＋1.65＝5.25(万元)。

海叶公司是房产转租人，不缴纳房产税，应缴纳的营业税及附加＝60×5%×(1＋7%＋3%)＝3.30(万元)。

税收筹划后海星公司与海叶公司合计税负＝5.25＋3.30＝8.55(万元)。

可见，通过将房产出租方式由直接出租改为转租，海星公司与海叶公司合计减少税金 10.50－8.55＝1.95(万元)。

【例 2-13】 华新物业管理有限公司办公大楼房产的计税原值为 800 万元,现拟将本公司办公大楼负层的一幢不与地上房屋相连的地下建筑出租给秋林百货公司用于其销售百货商品,双方签订房产租赁合同,约定该地下建筑出租每年收取租金 80 万元,另外地下建筑内原有的办公桌椅、文件柜及计算机等办公用品免费提供给秋林百货公司使用。新华物业管理有限公司出租地下建筑应缴纳出租房产税税金＝80×12％＝9.60(万元)。如何进行节税筹划?

【分析】 对上述案例进行税收筹划,可考虑新华物业管理有限公司商业用途地下建筑房产税从价计征应缴纳房产税比从租计征大幅度降低,为了享受从价计征房产税的低税负,新华物业管理有限公司利用自身主营物业管理的业务范围,与秋林百货公司重新签订合同,合同内容将房产出租变更为物业管理,约定新华物业管理有限公司为秋林百货公司提供地下建筑物业管理服务,每年收取物业管理费 60 万元,另外原免费提供的办公桌椅,文件柜及计算机等办公用品改为租金形式每年收取使用费 20 万元,合计每年收取费用 80 万元。

税收筹划后,新华物业管理有限公司应缴纳地下建筑应税房产原值＝800×80％＝640(万元)

应缴纳房产税＝640×(1－30％)×1.20％＝5.376(万元)。

注:以上新华物业管理有限公司应缴纳地下建筑应税房产原值及应缴纳房产税的计算依据为财税[2005]第 181 号“财政部国家税务总局关于具备房屋功能的地下建筑征收房产税的通知”文件规定。

(1) 凡在房产税征收范围内的具备房屋功能的地下建筑,包括与地上房屋相连的地下建筑以及完全建在地面以下的建筑、地下人防设施等,均应当依照有关规定征收房产税。上述具备房屋功能的地下建筑是指有屋面和维护结构,能够遮风避雨,可供人们在其中生产、经营、工作、学习、娱乐、居住或储藏物资的场所。

(2) 自用的地下建筑,按以下方式计税。

① 工业用途房产,以房屋原价的 50％～60％作为应税房产原值。应纳房产税的税额＝应税房产原值×[1－(10％～30％)]×1.2％。

② 商业和其他用途房产,以房屋原价的 70％～80％作为应税房产原值。应纳房产税的税额＝应税房产原值×[1－(10％～30％)]×1.2％。房屋原价折算为应税房产原值的具体比例,由各省、自治区、直辖市和计划单列市财政和地方税务部门在上述幅度内自行确定。

③ 对于与地上房屋相连的地下建筑，如房屋的地下室、地下停车场、商场的地下部分等，应将地下部分与地上房屋视为一个整体按照地上房屋建筑的有关规定计算征收房产税。

(3) 出租的地下建筑，按照出租地上房屋建筑的有关规定计算征收房产税。

(4) 本通知自2006年1月1日起执行。

可见，经税收筹划后新华物业管理有限公司减少房产税支出＝9.60－5.376＝4.224(万元)，

税收筹划前与税收筹划后新华物业管理有限公司应负担的营业税及附加不变，均为[80×5%×(1＋7%＋3%)]＝4.40(万元)。

【例2-14】 希望公司有一栋厂房计税账面价值为2 500万元，需进行大修理方可继续使用，修理后使用年限可延长27个月，预计一次性修理费用为1 275万元，修理支出达到取得固定资产时的计税基础比例＝1 275/2 500×100%＝51%，该大修理支出为厂房的资本性支出，应增加厂房账面价值，修理后厂房计税账面价值＝2 500＋1 275＝3 775(万元)，修理后应缴纳房产税税金＝3 775×(1－30%)×1.20%＝31.71(万元)。试做相应的节税筹划。

【分析】 本例发生的大修理费用支出应增加固定资产的计税基础是根据《企业所得税法实施条例》第五十八条第(六)项规定，改建的固定资产，除企业所得税法第十三条第(一)项和第(二)项规定的支出外，以改建过程中发生的改建支出增加计税基础。同时《企业所得税法实施条例》第六十九条规定，企业所得税法第十三条第(三)项所称固定资产的大修理支出，是指同时符合下列条件的支出：(一)修理支出达到取得固定资产时的计税基础50%以上；(二)修理后固定资产的使用年限延长2年以上。企业所得税法第十三条第(三)项规定的支出，按照固定资产尚可使用年限分期摊销。

根据上述文件规定，可提出税收筹划方案如下：

企业将厂房大修理支出分解为3次进行，每次修理费用为425万元，每次修理支出达到厂房计税基础的17%(425/2 500×100%＝17%)，每次修理后厂房使用年限可延长9个月，每次修理后企业均可正常使用。这样一来，每次修理费用按《企业所得税法实施条例》第六十九条不属大修理支出，可直接从损益中扣除，不增加固定资产的计税基础，每次修理后厂房账面计税价值仍为2 500万元，应缴纳房产税税金＝2 500×(1－30%)×1.20%＝21(万元)。修理完毕后合计节约了修理费用房产税税

金＝1 275×0.84％＝10.71(万元)。

【例 2-15】 甲公司拥有一写字楼，配套设施齐全，对外出租。全年租金共 3 000 万元，其中含代收的物业管理费为 300 万元，水电费为 500 万元。

【分析】 方案一：甲公司与承租方签订租赁合同，租金为 3 000 万元。应纳房产税＝3 000×12％＝360(万元)。

方案二：将各项收入分别由各相关方签订合同，如物业管理费由承租方与物业公司签订合同，水电费按照承租人实际耗用的数量和规定的价格标准结算、代收代缴。应纳房产税＝(3 000－300－500)×12％＝264(万元)。

由此可见，方案二比方案一少缴房产税 96 万元。

【例 2-16】 甲公司欲投资建厂，房产原值为 1 亿元。现有两种方案可供选择：一是建在市区，当地政府规定的扣除比例为 30％；二是建在农村。假设该厂不论建在哪里都不影响企业生产经营。

【分析】 方案一：建在市区。应纳房产税＝10 000×(1－30％)×1.2％＝84(万元)。

方案二：建在农村。免缴房产税。

由此可见，方案二比方案一少缴房产税 84 万元。

实战训练

一、单项选择题

1. 下列说法错误的是(　　)。

A. 房产税是以房屋为征税对象，企业自用房产依照房产原值一次减除 10％～30％后的余值计算缴纳

B. 房产出租的，以房产租金收入为房产税的计税依据。房产税的税率，依照房产余值计算缴纳的，税率为 1.2％

C. 独立于房屋之外的建筑物，如酒窖菜窖、室外游泳池、玻璃暖房、各种油气罐等，属于房产

D. 与房屋不可分离的附属设施，属于房产

2. 下列说法正确的是(　　)。

A. 企业可以根据实际情况选择计征方式，通过比较两种方式税负的大小，选择税负低的计征方式，以达到节税的目的

B. 对于出租方的代收项目收入，与实际租金收入一起核算，一起签订合同，从而降低从租计征的计税依据

C. 房产税在城市、县城、建制镇、农村和工矿区征收

D. 对个人按照市场价格出租的居民住房，房产税减按5%的税率征收。因此，纳税人在出租房时，可使用市场价格，享受税收优惠

二、多项选择题

1. 下列各选项中，可以帮助企业降低纳税负担的有(　　)。

A. 确定房产税征收对象进行节税筹划

B. 选择房产税的计征方式进行节税筹划

C. 降低租金收入进行节税筹划

D. 利用房产税税收优惠进行节税筹划

2. 关于房产税下列说法错误的是(　　)。

A. 专供疗养的疗养院自用房产免税

B. 个人办的各种辅导班自用房产征税

C. 出租地下车位的应按出租房产征收房产税

D. 为基建工地服务的临时性简易房屋在施工期间由建设人纳税

3. 可申请房产困难减免的房产有(　　)。

A. 企业关闭、停产、撤销后停用的房产

B. 企业生产经营善恶化，严重亏损，难以维系正常生产经营，其自用的房产

C. 因严重自然灾害等不可抗力致使纳税人遭受重大损失的房产

D. 因国家宏观经济和产业政策调整等原因，致使企业停用半年以上的闲置房产

4. 下列出租房屋征收办法正确的是(　　)。

A. 税务机关可委托承租人代征出租房屋相关税款

B. 税务机关可委托街道社区代征出租房屋相关税款

C. 税务机关可委托公安机关代征出租房屋相关税款

D. 税务机关可委托企业代征出租房屋相关税款

5. 对由于国家实行天然林资源保护工程造成森工企业的房产闲置不用的，暂免征收房产税，以下闲置期限错误的是(　　)。

A. 半年　　B. 二年

C. 三年　　D. 一年以上

三、判断题

1. 企业自用房产依照房产原值一次减除10%～30%后的余值计算缴纳房产税。(　　)

2. 房产出租的，房产税采用从租计征方式，以租金收入作为计税依

据，按 1.2%税率计征。（ ）

3. 税法规定房产大修停用半年以上，经税务机关审核在大修期间不可以免税。（ ）

4. 在不影响企业生产经营的情况下，可将企业设立在农村，则可免缴房产税。（ ）

5. 如果将厂房、办公用房以外的建筑物建成露天的，并且把这些独立建筑物的造价同厂房、办公用房的造价分开，在会计账簿中单独核算，则这部分建筑物的造价不计入房产原值，不缴纳房产税。（ ）

四、计算题

某企业因各种原因，原来的主营业务不景气，仓库被闲置，为增加收入，企业决定业务转型，把对外出租仓库作为主营业务。当年取得租金收入 1 000 万元依据 5%的税率交纳营业税 50 万元，依据 12%的税率交纳房产税 120 万元，单此两项税收就达 170 万元，占到总收入的 17%；若再加上其他一些税费，则企业的税负更重。

对于这个具体的案例，请设计具体的节税筹划。

第3章

契　税

3.1　契税概述

要　点

契税是以所有权发生转移变动和使用权发生转移变动的房屋、土地不动产为征税对象，向产权承受人征收的一种财产税。契：契约；契据。就契税来说，契约是当事人双方订立的不动产所有权发生转移变动的协议，契约在法律上具有约束力。契据是记录在纸面或以类似的方式表达权利所有人将不动产转让或抵押给他人的书面凭据。

解　释

◆ 契税的特点

契税与其他税种相比，具有以下特点。

1. 契税属于财产转移税

契税以发生转移变动的不动产，即土地和房屋为征税对象，具有财产转移课税性质。土地、房屋产权未发生转移变动的，不征契税。

2. 契税由财产承受人缴纳

契税属于土地、房屋产权发生交易过程中的财产税，由承受人纳税，即买方纳税。对买方征税的主要目的，在于承认不动产转移生效，承受人纳税以后，便可拥有转移过来的不动产产权或土地使用权，法律保护纳税人的合法权益。

◆ 契税的立法原则

财产税是我国税制的薄弱环节，加强对财产征税在现阶段有着重要的财政、经济和社会意义。国家修订、开征契税，体现了以下三方面的立法精神。

1. 广辟财源，增加地方财政收入

契税按财产转移价值征税，税源较为充足，它可以弥补其他财产税的不足，扩大其征税范围，为地方政府增加一部分财政收入。随着市场经济的发展和房产交易的活跃，契税的财政作用将日益显著。

2. 保护合法产权，避免产权纠纷

不动产所有权和土地使用权的转移，涉及转让者和承受者双方的利益。而且，由于产权转移形式多种多样，如果产权的合法性得不到确认，事后必然会出现产权纠纷。契税规定对承受人征税，有利于通过法律形式确定产权关系，维护公民合法权益，避免产权纠纷。

3. 调节财富分配，体现社会公平

土地、房屋交易本身就意味着财富的流动或分配。在土地、房屋的交易环节征收契税，可以适当调节财产所有者或财产的取得者的收入，缓解社会分配不公的矛盾。

相关知识

◆ 我国契税制度的发展变革

契税是个古老的税种，最早起源于东晋的“古税”，至今已有 1 600 多年的历史。世界上，不少国家，如德国、日本等均征收契税，并将之称为不动产取得税。1950 年 4 月政务院颁布了《契税暂行条例》，在全国城市和已经完成土地改革的乡村征收契税。1954 年 6 月，财政部对《契税暂行条例》进行了修改，此后各地都是依据修改后的条例规定征收契税。1978 年新宪法公布后，逐步落实了房产政策，城乡房屋买卖活动增加。为此，财政部于 1981 年和 1990 年分别发出了《关于改进和加强契税征收管理工作的通知》和《关于加强契税工作的通知》，对契税政策进行了一些补充和调整。

《契税暂行条例》施行 40 多年，在加强对土地、房屋权属转移的管理、增加财政收入、调节收入分配等方面发挥了积极作用。但是，伴随着改革开放，我国的社会、经济结构已发生了巨大变化，房地产市场得到较大发展，交易形式更是多样、灵活，《契税条例》的内容已经不能适应新的形势。

本着公平税负，合理负担；规范税制，严格控制减免税范围，增加财政收入；适当下放税收管理权限，调动地方管理税收积极性的原则，国务院对原《契税条例》进行了修订。现行契税的法律依据主要是国务院 1997 年 7 月颁布的《中华人民共和国契税暂行条例》(简称《契税条例》)和同年 10 月财政部发布的《中华人民共和国契税暂行条例实施细则》(简称《契税实施细则》)。

实战训练

一、单项选择题

1. 现行契税的法律依据主要是国务院(　　)年7月颁布的《中华人民共和国契税暂行条例》(简称《契税条例》)和同年10月财政部发布的《中华人民共和国契税暂行条例细则》(简称《契税细则》)。

A. 1996　　B. 1997

C. 1998　　D. 1999

2. 下列关于契税的表述不正确的是(　　)。

A. 契税实行幅度比例税率

B. 契税由财产承受人缴纳

C. 契税属于行为税

D. 契税是以所有权发生转移的不动产为征税对象

3. 现行的契税暂行条例的发布者是(　　)。

A. 国务院　　B. 人民代表大会

C. 财政部　　D. 国家税务局

二、多项选择题

1. 契税与其他税种相比的特点是(　　)。

A. 契税属于财产转移税　　B. 契税由财产承受人缴纳

C. 征税范围广泛　　D. 属于房产税中的个别财产税

2. 我国契税的立法原则是(　　)。

A. 广辟财源,增加地方财政收入

B. 培养公民的依法纳税观念

C. 调节财富分配,体现社会公平

D. 保护合法产权,避免产权纠纷

三、判断题

1. 契税是以所有权发生转移的动产为征税对象,向产权承受人征收的一种财产税。(　　)

2. 契税属于土地、房屋产权发生交易过程中的财产税,由承受人纳税,即买方纳税。(　　)

3. 契税规定对承受人征税,有利于通过法律形式确定产权关系,维护公民合法权益,避免产权纠纷。(　　)

四、问答题

1. 什么是契税?契税的特点有哪些?

2. 契税的立法原则是什么?

3.2 契税的征税范围及纳税人

要 点

契税的征税范围为境内转移土地、房屋权属。纳税人为中华人民共和国境内转移土地、房屋权属，承受的单位和个人。

解 释

◆ 契税的征税范围

在我国境内转移土地、房屋权属的行为是契税的征税对象。具体征税范围包括：国有土地使用权出让；土地使用权转让，包括出售、赠与和交换；房屋买卖。即以货币为媒介，出卖者向购买者过渡房产所有权的交易行为。

土地权属转移是指土地使用权的转移，包括土地使用权出让和土地使用权转让两种方式。土地使用权是指土地使用者依法取得土地上的实际经营权和利用权，在相应的法律规定范围内，对享有的土地占有、使用和部分收益、处分的权利，即具有使用土地主体资格的单位或个人，按照法定程序办理土地使用权的申请、发证等手续，经法律确认具有使用土地的权利。

房屋权属转移是指房屋所有权的转移，包括买卖、赠与和交换三种方式。房屋所有权是指房屋所有人对自己的房屋享有的占用、使用、收益和处分的权利，即对房屋的占有权、使用权、处分权。

1. 国有土地使用权出让

国有土地使用权出让是指土地使用者向国家交付土地使用权出让费用，国家将国有土地使用权在一定年限内让予土地使用者的行为。具体讲，就是国家按照土地所有权和使用权分离的原则，以土地所有者的身份，依法授权省、市、县人民政府，在规定权限内，将国有土地中符合土地利用总体规划、城市规划和年度建设用地计划的土地使用权，在一定年限内让予土地使用者，由土地使用者向国家一次性支付土地使用权出让金的行为。国家有偿出让的土地使用权包括土地占有权、使用权、一定程度的收益权和处分权。

国有土地使用权出让的形式有协议出让、招标出让、拍卖出让和挂牌出让四种。

国有土地使用权出让，不论采取哪种形式，都应由各级土地管理部门代表本级政府与土地使用权受让方签订书面出让合同。

2. 土地使用权转让

土地使用权转让是指土地使用者以出售、赠与、交换或者其他方式将土地使用权转移给其他单位和个人的行为。

土地使用权出售是土地使用者以土地使用权作为交易条件，取得货币、实物、无形资产或者其他经济利益的行为。土地使用权赠与，是土地使用者将其土地使用权无偿转让给受赠者的行为。土地使用权交换，是土地使用者之间相互交换土地使用权的行为。土地使用权转让，不包括农村集体土地承包经营权的转移。

土地使用权转让应当签订书面转让合同。土地使用权在规定的使用年限内可以多次转让，但无论转移到哪里，国家与土地使用者的权利义务关系仍是土地出让合同规定的权利义务。土地使用权转让时，其地上建筑物、附属物的所有权应随之转移，并依照规定办理权属变更登记手续。

集体土地使用权按国家有关规定转让。

土地使用权转让不包括农村集体土地承包经营权的转移。我国现行法律规定，集体所有的或者国家所有的由农业集体经济组织使用的土地、森林、山岭、草地、滩涂、水面，可以由农村村民或村民组成的集体经济组织承包经营，从事农、林、牧、渔业生产。承包经营是在土地权属未发生转移的情况下，对土地实行经营管理的方式。土地使用权属于一种物权，土地承包经营权属于一种债权，不属于《契税条例》规定的土地使用权转让范围。

3. 房屋买卖

房屋买卖是指房屋所有者将其房屋出售，由承受者交付货币、实物、无形资产或者其他经济利益的行为。

(1) 以房产抵债或实物交换房屋

经当地政府和有关部门批准，以房抵债和实物交换房屋，均视同房屋买卖，应由产权承受人按房屋现值缴纳契税。

(2) 以房产作投资或作股权转让

这种交易业务属房屋产权转移，应根据国家房地产管理的有关规定，办理房屋产权交易和产权变更登记手续，视同房屋买卖，由产权承受方按投资房产价值或房产买价缴纳契税。

(3) 买房拆料或翻建新房，应照章征收契税

4. 房屋赠与

房屋赠与是指房屋所有者将其房屋无偿转让给受赠者的行为。将自

有房屋赠与他人的称为房屋赠与人，接受他人房屋的称为受赠人。以获奖方式取得土地使用权、房屋所有权的，视同赠与征收契税。

5. 房屋交换

房屋交换是指一方以房屋与另一方的土地、房屋进行交换的行为，包括交换房屋使用权和交换房屋所有权两种形式。对交换房屋使用权的，由于没有发生房屋所有权的转移，也不办理土地使用权、房屋所有权变更登记手续，不属于契税征税范围。对交换房屋所有权的，按房地产管理有关规定，双方须到有关部门办理权属变更登记手续，属于契税征收范围。

6. 视同土地使用权转让、房屋买卖或者赠与

土地、房屋权属以下列方式转移的，视同土地使用权转让、房屋买卖或者赠与行为。

(1) 以土地、房屋权属作价投资、入股

这种情况是指一方出房地产并将房地产作价，另一方出资金，双方组成一个新的企业或法人，进行合资经营或联营。按照国家有关房地产管理的规定，合资或联营双方应到房地产管理部门办理土地使用权、房屋所有权的过户手续，将房屋所有权、土地使用权转移到合资或联营企业名下。这种情况，视同土地使用权转让、房屋买卖等行为，属契税征收范围。

(2) 以土地、房屋权属抵债

这种情况是指经当地政府和有关部门批准，债务人以自有的房屋所有权、土地使用权向债权人抵偿债务。由于这种情况发生了土地使用权、房屋所有权的转移，视同房屋买卖和土地使用权转让征收契税。

(3) 城镇居民委托房屋开发商代建房屋

城镇居民通过与房屋开发商签订“双包代建”合同，由开发商承办规划许可证、准建证、土地使用证等手续，并由委托方按地价与房价之和向开发商付款的方式取得房屋所有权，实质上是一种以预付款方式购买商品房的行为，应照章征收契税。

(4) 两方合建住房

一方出地、另一方出钱合建住房，房屋建成后，双方按地价和建房资金的比例分配房屋产权，这实质上已构成房屋、土地权属转移，即一方以土地转让费购买房屋产权，另一方以建房资金购买土地使用权。这种产权转移方式属于契税征收范围，双方均应依照有关规定缴纳契税。

(5) 有偿承受农村集体土地使用权属契税征收范围

例如，某市生态农业发展有限公司有偿受让某村林地及耕地使用权50年，用于生态农业的综合开发，不属于农村集体土地承包经营权的转

移,应按土地使用权转让征收契税。

土地、房屋权属(指土地使用权、房屋所有权)是否发生变更转移,是确定土地、房屋交易行为是否纳入契税征税范围的标准。凡纳入契税征税范围的土地、房屋交易行为必须同时具备三个条件。一是转移的客体为土地使用权和房屋所有权。二是土地、房屋权属必须转移。首先,土地、房屋发生转移,由一方转给另一方;其次,产权人关系发生变更、由一个产权人变为另一个产权人。三是行为双方有“经济利益”关系。依据上述三个条件,如转让土地、房屋的出租,土地、房屋的抵押和土地、房屋的继承不在征税范围之内,不征收契税。非继承人承受遗赠房屋,属于赠与性质,应按赠与行为征收契税。

根据《财政部国家税务总局关于企业改制重组若干契税政策的通知》(财税[2003]184号)第七条规定:“企业改制重组过程中,同一投资主体内部所属企业之间土地、房屋权属的无偿划转,不征收契税”。自然人与其个人独资企业、一人有限责任公司之间土地、房屋权属的无偿划转属于同一投资主体内部土地、房屋权属的无偿划转,可比照上述规定不征收契税。

◆ 契税的纳税人

《契税暂行条例》规定,契税的纳税人是在中华人民共和国境内转移土地、房屋权属,承受的单位和个人为契税的纳税人。所谓承受,是指以受让、购买、受赠、交换等方式取得土地、房屋权属的行为。这里所说的单位,包括企业单位、事业单位、国家机关、军事单位和社会团体以及其他组织。这里所说的个人,包括个体经营者及其他个人。原契税的纳税人包括城镇、乡村居民个人;私营组织和个体工商户;华侨、港澳台同胞;外商投资企业和外国企业以及外国人五大类,但不包括国有经济单位。为了体现公平税负,增加财政收入,修订后的《契税条例》把国有经济单位也作为了纳税人。

相关知识

◆ 《物权法》关于不动产实行登记的规定

不动产物权的设立、变更、转让和消灭,经依法登记,发生效力;未经登记,不发生效力,但法律另有规定的除外。国家对不动产实行统一登记制度。不动产登记簿是物权归属和内容的根据。不动产权属证书是权利人享有该不动产物权的证明。因继承或者受遗赠取得物权的,自继承或者受遗赠开始时发生效力。

实战训练

一、单项选择题

1. 以下不属于契税征税范围的是(　　)。

A. 接受房屋赠与　　B. 以获奖方式取得房屋

C. 房屋交换补交差价　　D. 政府出让土地使用权

2. 在中国境内转移土地、房屋权属，承受的单位和个人为契税的纳税人，下列各项中关于契税缴纳正确的是(　　)。

A. 甲企业转让房屋给乙企业，甲企业是契税的纳税人

B. 甲企业将房产投资于乙企业，乙企业需要缴纳契税

C. 外商投资企业不用缴纳契税

D. 甲某以获奖方式获得一处房产，可以免交契税

3. 依据契税相关规定，下列土地或房屋免征契税的是(　　)。

A. 居民因政府拆迁重新购置住房

B. 以减免出让金形式而取得国有土地使用权

C. 以出让方式或国家作价出资(入股)方式承受原改制重组企业划拨用地的承受方

D. 已购公有住房经补缴土地出让金和其他出让费用成为完全产权住房

4. 以下说法符合契税法律规定的是(　　)。

A. 等价房屋交换无须缴纳契税

B. 不等价交换房屋由收到差价方支付契税

C. 买房拆料翻建新房无须缴纳契税

D. 甲某受赠一套房屋，由于未支付价款故无须缴纳契税

5. 下列各项业务中，应征收契税的是(　　)。

A. 企业承受荒山土地使用权用于林业生产

B. 企业分立中，派生方承受原企业房屋权属

C. 运动员因成绩突出获得国家奖励的住房

D. 承包者获得农村集体土地承包经营权

二、多项选择题

1. 按规定应缴纳契税的纳税人是(　　)。

A. 出让土地使用权的国土资源管理局

B. 不等价交换房产时支付补价的个人

C. 对外捐赠房屋的企业

D. 购买花园别墅的用户

2. 下列表述中，符合契税征收规定的是（　　）。

A. 职工首次购买由各类公有制单位购买并按国家房改政策出售的普通商品住房，经当地县级以上人民政府房改部门批准，免征契税

B. 土地使用者置换土地，只有取得了置换土地使用权属证书，才需缴纳契税

C. 已购公有住房经补缴土地出让金和其他出让费用成为完全产权住房的，免征土地权属转移的契税

D. 土地或房屋被县级以上人民政府征用、占用后，重新承受土地、房屋权属的，应由县级以上人民政府确定是否减免契税

3. 房屋附属设施有关契税政策的表述中，正确的是（　　）。

A. 甲企业以分期收款方式购买房屋的，以合同规定的总价款为计税依据

B. 甲购买一处房产，获赠一处车库的 10 年使用权，车库不纳契税

C. 甲公司购进一处顶层阁楼，分期付款，契税以每次支付款项时计算缴纳

D. 甲公司承受办公楼一处，同时获得一处球场的土地使用权，球场的土地使用权单独计价，办公楼和球场的土地使用权的契税应按当地的规定的税率分别计算契税

4. 下列情况不需要征收契税的有（　　）。

A. 农民承包土地进行耕种

B. 个人互换等价住房

C. 与我国缔结双边协定，应当予以免税的外国驻华使领馆承受的房屋权属

D. 国家机关承受的土地，用于建造办公楼

5. 以下行为中，应视同土地使用权转让征收契税的有（　　）。

A. 以投资方式获得土地使用权的

B. 以抵债方式获得破产企业房屋权属的

C. 竞拍得到破产清算企业房屋权属的

D. 获奖得到房屋权属的

三、判断题

1. 在我国境内转移土地、房屋权属的行为是契税的征税对象。

(　　)

2. 契税的纳税人是在中华人民共和国境内转移土地、房屋权属，承受的单位和个人为契税的纳税人。(　　)

3. 国有经济单位不作为契税纳税人。(　　)

4. 国有土地使用权出让的形式有协议出让、招标出让和拍卖出让三种。(　　)

5. 土地使用权转让包括农村集体土地承包经营权的转移。(　　)

四、问答题

1. 房产赠与行为、继承行为和遗赠行为是否都需要缴纳契税？

2. 契税的征税范围有哪些？

3.3　契税的计算

要　点

契税的计税依据为不动产的价格。契税采用比例税率，一般为3%～5%。当计税依据确定以后，应纳税额的计算比较简单，其计算公式为：

应纳税额＝计税依据×税率

解　释

◆ 契税的计税依据

契税以土地、房屋权属转移当事人签订的合同成交价格或核定的市场价格作为计税依据。通常有成交价格并经征收机关审核认可的，以成交价格作为计税依据；没有成交价格的，或虽有但低于所交易房地产实际价值太多，征收机关不予认可的，以征收机关参照市场价格核定的计税价格作为计税依据。

房地产成交价格是指土地、房屋权属转移合同确定的价格，包括承受者交付的货币、实物、无形资产或者其他经济利益。房地产市场价格是指房地产交易双方在房地产市场上依法交易的价格。该价格是经房地产管理部门或者资产评估机构，按照有关法律规定进行正确评估而形成的。

契税的计税依据按照土地、房屋交易的不同情况确定。

1. 土地使用权出售、房屋买卖，其计税依据为成交价格

以成交价格作为计税依据，是与城市房地产管理法和有关房地产法规规定的价格申报制度相一致的，有利于契税的征收管理。

2. 土地使用权赠与、房屋赠与，其计税依据由征收机关参照土地使用权出售、房屋买卖的市场价格核定

土地使用权赠与、房屋赠与属于特殊的转移形式，无货币支付，在计征税额时只能参照市场上同类土地、房屋价格计算应纳税额。

3. 土地使用权交换、房屋交换，其计税依据是所交换的土地使用权、房屋的价格差额

对于成交价格明显低于市场价格且无正当理由的，或者所交换的土地使用权、房屋的价格差额明显不合理且无正当理由的，由征收机关参照市场价格核定。其目的是为了防止纳税人隐瞒、虚报成交价格。

4. 出让国有土地使用权的，其契税计税价格为承受人为取得该土地使用权而支付的全部经济利益

(1) 以协议方式出让的，其契税计税价格为成交价格。成交价格包括土地出让金、土地补偿费、安置补助费、地上附着物和青苗补偿费、拆迁补偿费、市政建设配套费等承受者应支付的货币、实物、无形资产及其他经济利益。

没有成交价格或者成交价格明显偏低的，征收机关可依次按下列两种方式确定。

① 评估价格：由政府批准设立的房地产评估机构根据相同地段、同类房地产进行综合评定，并经当地税务机关确认的价格。

② 土地基准地价：由县以上人民政府公示的土地基准地价。

(2) 以竞价方式出让的，其契税计税价格，一般应确定为竞价的成交价格，土地出让金、市政建设配套费以及各种补偿费用应包括在内。

(3) 先以划拨方式取得土地使用权，后经批准改为出让方式取得该土地使用权的，应依法缴纳契税，其计税依据为应补缴的土地出让金和其他出让费用。

(4) 已购公有住房经补缴土地出让金和其他出让费用成为完全产权住房的，免征土地权属转移的契税。

(5) 国有土地使用权出让属于转移土地、房屋权属应当缴纳契税的行为。

(6) 对通过“招、拍、挂”程序承受国有土地使用权的，应按照土地成交总价款计征契税，其中的土地前期开发成本不得扣除。

5. 房屋买卖的契税计税价格为房屋买卖合同的总价款

买卖装修的房屋，装修费用应包括在内。

◆ **契税的税率**

为适应不同地区纳税人的负担水平和调控房地产交易的市场价格，契税实行幅度比例税率，税率幅度为3%～5%。具体执行税率，由各省、自治区、直辖市人民政府在规定的幅度内，根据本地区的实际情况确定。个人首次购买90平方米以下住房，从2008年11月1日起按1%税率征收契税。

◆ **契税应纳税额的计算**

契税税额计算的基本公式为：

应纳税额＝计税依据×税率

应纳税额以人民币计算。转移土地、房屋权属以外汇结算的，按照纳税义务发生之日中国人民银行公布的人民币市场汇率中间价，折合成人民币计算。

相关知识

◆ **契税的税收优惠**

1. 经济发展性优惠

经济发展性优惠主要是农业方面的优惠，对承受荒山、荒沟、荒丘、荒滩土地使用权，用于农、林、牧、渔业生产的，免征契税。

2. 社会政策性优惠

(1) 公共事业优惠

对县级以上人民政府教育行政主管部门或劳动行政主管部门审批并颁发办学许可证，由企业事业组织、社会团体及其他社会和公民个人利用非国家财政性教育经费面向社会举办的学校及教育机构，其承受的土地、房屋权属用于教学的，免征契税。

(2) 居民生活优惠

① 城镇职工按规定第一次购买公有住房的，免征契税。城镇职工按规定第一次购买公有住房的，是指经县以上人民政府批准，第一次购买的且在国家规定标准面积以内的公有住房。

② 为减轻个人购买普通住房和经济适用住房的税收负担，1999年8月1日起，对个人购买自用普通住宅，税率减半征收；2007年8月1日起，对个人购买经济适用住房，在法定税率基础上减半征收契税；2008年11月1日起，对个人首次购买90平方米及以下普通住房的，契税税率统一下调到1%。对两个或两个以上个人共同购买90平方米及以下普通住

房，其中一人或多人已有购房记录的，该套房产的共同购买人均不适用首次购买普通住房的契税优惠政策。

③ 土地、房屋被县级以上人民政府征用、占用后，重新承受土地、房屋权属的，由省、自治区、直辖市人民政府决定免征契税(或减征契税)。

④ 个人购买普通住房，且该住房属于家庭(成员范围包括购房人、配偶以及未成年子女，下同)唯一住房的，减半征收契税，契税税率为2%；对个人购买普通住房，且该住房属于家庭(成员范围包括购房人、配偶以及未成年子女，下同)不是唯一住房的，不得减半征收契税，契税税率为4%。个人购买90平方米及以下普通住房，且该住房属于家庭唯一住房的，减按1%税率征收契税。对个人购买普通住房，且该住房属于家庭不是唯一住房的，不得按1%征收契税，契税税率为4%。

⑤ 自2010年1月1日起经营管理单位回购已分配的改造安置住房继续作为改造安置房源的，免征契税。个人首次购买90平方米以下改造安置住房，可按1%的税率计征契税；购买超过90平方米，但符合普通住房标准的改造安置住房，按法定税率减半计征契税。个人取得的拆迁补偿款及因拆迁重新购置安置住房，可按有关规定享受个人所得税和契税减免。

(3) 救助事务优惠

对因自然灾害、战争等不能预见、不能避免，并不能克服的一些不可抗力原因灭失住房，需重新购买住房的，经税务机关批准，减征或者免征契税。

3. 政府服务优惠

对国家机关、事业单位、社会团体、军事单位承受土地、房屋用于办公教学、医疗、科研和军事设施的，免征契税。

这里所说的，用于办公是指办公室(楼)以及其他直接用于办公的土地、房屋。用于教学是指教室(教学楼)以及其他直接用于教学的土地、房屋。用于医疗是指门诊部以及其他直接用于医疗的土地、房屋。用于科研是指科学试验的场所以及其他直接用于科研的土地、房屋。用于军事设施是指：地上和地下的军事指挥作战工程；军用的机场、港口、码头；军用的库房、营区、训练场、试验场；军用的通信、导航、观测台站；其他直接用于军事设施的土地、房屋。

4. 外交税收豁免

外国驻华使馆、领事馆，联合国驻华机构及其外交代表、领事官员和其他外交人员承受土地、房屋权属的，免征契税。

实例详解

【例 3-1】 下列行为是否应当征收契税和应当如何征收契税？

（1）土地使用权转让、房屋买卖；（2）出让国有土地使用权；（3）协议方式出让土地使用权；（4）总价方式出让土地使用权。

【分析】

（1）土地使用权转让、房屋买卖，以合同中确定的成交价格全额为税基征收契税，合同中所包含的行政事业性收费，不能从中剔除。

（2）出让国有土地使用权，以承受人为取得该土地使用权而支付的全部经济利益为税基征收契税。

（3）协议方式出让土地使用权，以包括土地出让金、土地补偿费、安置补助费、地上附着物和青苗补偿费、拆迁补偿费、市政建设配套费等承受者应支付的货币、实物、无形资产及其他经济利益为税基征收契税。没有上述价格或者上述价格明显偏低的，征收机关可依次采用以下两种方式确定税基：

① 政府批准设立的房地产评估机构根据相同地段、同类房地产进行综合评定，并经当地税务机关确认的价格；

② 县以上人民政府公示的土地基准地价。

（4）竞价方式出让土地使用权，以土地出让金、市政建设配套费以及各种补偿费用为税基征收契税。

【例 3-2】 居民甲有两套住房，将一套出售给居民乙，成交价格为125 000元；将另一套两室住房与居民丙交换成两室一厅住房，并支付换房差价款38 000元。试计算甲、乙、丙相关行为应缴纳的契税（假定税率为5%）。

【分析】

（1）甲应缴纳契税＝38 000×5%＝1 900（元）

（2）乙应缴纳契税＝125 000×5%＝6 250（元）

（3）丙不缴纳契税。

【例 3-3】 某国有企业2002年的相关资料如下：

（1）接受某其他企业以房产投资入股，房产市场价值为120万元；

（2）企业于2002年以自有房产与另一企业交换一处房产，支付差价300万元；

（3）同年经批准企业取得出让土地一块，缴纳了出让金130万元。该地规定契税税率是5%。

计算该企业应纳契税税额。

【分析】 该企业应纳契税=(120+130+300)×5%=27.5(万元)

【例 3-4】 某演员购买一栋公寓住房,成交价格 180 万元;转让其原有住房,成交价格为 80 万元;因参加国际比赛获奖受到奖励,奖品为一套三居室住宅,其市场价格为 96 万元。如果当地政府规定的契税税率为 5%。计算其应纳契税税额。

【分析】 应纳契税税额=(180+96)×5%=13.8(万元)

【例 3-5】 某公司经批准改建成全体职工持股的有限责任公司,承受了原企业价值 850 万元的房屋所有权;改建后即以债权人的身份接受某破产企业价值 230 万元的房产作为债务抵偿,随后又将此房屋投资于另一企业,则计算该有限责任公司应就以上事项缴纳契税。

【分析】 投资入股以产权承受方为纳税人;企业改建成全体职工持股的有限责任公司承受原企业土地、房屋权属的免征契税;以债权人身份承受破产企业土地、房屋权属以抵偿债务的,免征契税。

因此该有限责任公司不应缴纳契税。

【例 3-6】 某企业宣布破产,进行破产清算时,其房地产评估价值为 4 800 万元,其中以价值 3 500 万元的房地产抵偿债务,将价值 1 300 万元的房地产进行拍卖,拍卖收入 1 500 万元。债权人获得房地产后,与他人进行房屋交换,取得额外补偿 800 万元。计算当事人各方合计应缴纳契税税额。(适用契税税率 3%)。

【分析】 债权人承受破产企业土地、房屋权属以抵偿债务的免征契税。

拍卖房地产的,承受方应纳契税税额=1 500×3%=45(万元)

房屋交换中,由支付补价的一方按价差计算交纳契税,税额=800×3%=24(万元)

当事人各方应纳契税合计=45+24=69(万元)

【例 3-7】 某外商投资企业 2010 年接受某国有甲企业以房产投资入股,房产市场价值为 100 万元,该甲企业还于 2010 年以自有房产与另一企业交换一处房产,支付差价款 300 万元,同年政府有关部门批准向该甲企业出让土地一块,该企业缴纳土地出让金 150 万元。计算外商企业与甲企业分别应纳契税税额。(该地规定契税税率为 2%)

【分析】 以房产作投资,视同房屋买卖,外商投资企业应纳契税 100×2%=2(万元)

甲企业交换房产和补交土地出让金应纳契税=(300+150)×2%=9(万元)

【例 3-8】 下列行为是否应当征收契税？

(1) 廉租住房经营管理单位购买住房，经济适用住房经营管理单位回购经济适用住房；

(2) 改建后的公司承受原企业土地、房屋权属；

(3) 新设公司承受国有独资企业(公司)的土地、房屋权属；

(4) 新公司承受国有控制公司土地、房屋权属；

(5) 在股权转让中，单位、个人承受企业股权，企业土地、房屋权属不发生转移。

【分析】

(1) 自 2007 年 8 月 1 日起，对廉租住房经营管理单位购买住房作为廉租住房、经济适用住房经营管理单位回购经济适用住房继续作为经济适用住房房源的，免征契税。

(2) 2009 年 1 月 1 日至 2011 年 12 月 31 日，非公司制企业，按照《中华人民共和国公司法》的规定，整体改建为有限责任公司(含国有独资公司)或股份有限公司，或者有限责任公司整体改建为股份有限公司的，对改建后的公司承受原企业土地、房屋权属，免征契税。上述所称整体改建是指不改变原企业的投资主体，并承继原企业权利、义务的行为。

(3) 非公司制国有独资企业或国有独资有限责任公司，以其部分资产与他人组建新公司，且该国有独资企业(公司)在新设公司中所占股份超过 50%的，对新设公司承受该国有独资企业(公司)的土地、房屋权属，免征契税。

(4) 国有控股公司以部分资产投资组建新公司，且该国有控股公司占新公司股份 85%以上的。对新公司承受该国有控股公司土地、房屋权属免征契税。上述所称国有控股公司，是指国家出资额占有限责任公司资本总额 50%以上，或国有股份占股份有限公司股本总额 50%以上的国有控股公司。

实战训练

一、单项选择题

1. 关于契税的计税依据，下列说法正确的是(　　)。

A. 以协议方式出让土地使用权的，以成交价格作为计税依据

B. 土地使用权相交换的，以交换的土地使用权的价格作为计税依据

C. 以竞价方式出让土地使用权的，以不包括各种补偿费用的竞价成交价格为计税依据

D. 已购公有住房经补缴土地出让金拥有完全产权的，以补缴的土地出让金为计税依据

2. 下列说法正确的是（　　）。

A. 2008 年 11 月 1 日起个人购买 90 平方米以下住宅按 1%缴纳契税

B. 契税纳税人包括国有经济单位

C. 契税实行幅度比例税率

D. 对于承受国有土地使用权应支付土地出让金的，由于没有实际支出，故不缴纳契税

3. 2009 年 4 月中国公民肖某首次购买商品房一套，面积 85 平方米，合同总价格 54.4 万元，其中含装修费 8.4 万元。肖某购买该住房应缴纳契税（　　）元。

A. 4 600　　B. 5 440

C. 6 900　　D. 8 160

4. 家住大连市沙河口区某平房的小王因拆迁得到拆迁补偿款 62 万元，他在市郊以 78 万元重新购置住房 160 平方米，当地契税税率为 3%。以下关于小王对契税处理的表述中，正确的是（　　）。

A. 因拆迁购房免缴契税　　B. 因拆迁购房减半缴纳契税

C. 应纳契税 4 800 元　　D. 应纳契税 16 800 元

5. 下列事项中可以不缴纳契税的是（　　）。

A. 以获奖方式取得房屋产权的

B. 购买与房屋相关的附属设施所有权的

C. 甲企业接受乙企业价值 400 万元的房产抵偿所欠购货款的

D. 企业分立中，对派生方、新设方承受原企业土地、房屋权属的

二、多项选择题

1. 下列有关契税的计税依据，表述正确的是（　　）。

A. 国有土地使用权出让以纳税人缴纳的土地出让金为计税依据

B. 土地使用权和房屋出售以成交价格为计税依据

C. 土地使用权和房屋赠与以征税机关核定的市场价格为计税依据

D. 成交价格明显低于市场价格且无正当理由的，由征税机关参照市场价格核定计税依据

2. 计征契税的计税依据包括（　　）。

A. 房地产的成交价格　　B. 房地产的租金

C. 房地产的市场价格　　D. 房地产交换时的价格差额

3. 某学校将一栋闲置不用的房屋转让给临近的公司，房产价值300万元，土地使用权当年以无偿划拨方式取得的。按规定该转让行为(　　)。

A. 应由学校和公司各负担一半契税

B. 学校补交土地使用权的契税

C. 公司缴纳房屋买卖的契税

D. 应由学校在转让时交纳契税

4. 下列各项中，可以享受契税免税优惠的有(　　)。

A. 城镇职工自己购买商品住房

B. 经济适用房管理单位回购经济适用房作为经济适用房房源

C. 承受荒山、荒沟、荒丘、荒滩土地使用权用于农业、渔业生产

D. 军事单位承受房屋用于军事设施

5. 甲企业将原值28万元的房产评估作价30万元作为投资投入乙企业，乙企业办理产权登记后又将该房产以40万元价格售与丙企业，当地契税税率为3%，则下列说法中正确的有(　　)。

A. 丙企业缴纳契税1.2万元　B. 甲企业缴纳契税0.84万元

C. 乙企业缴纳契税0.84万元　D. 乙企业缴纳契税0.9万元

三、判断题

1. 契税以土地、房屋权属转移当事人签订的合同成交价格或核定的市场价格作为计税依据。(　　)

2. 为适应不同地区纳税人的负担水平和调控房地产交易的市场价格，契税实行幅度比例税率，税率幅度为4%～7%。(　　)

3. 房屋的典当应缴纳契税。(　　)

4. 甲向乙售房，则乙为契税纳税人。(　　)

5. 华侨用侨汇购买房屋减半征收契税。(　　)

四、计算题

1. 甲企业将其拥有的库房4间，与乙企业拥有的一座厂房相交换，双方协议规定由甲企业支付差价100万元，当地政府规定的契税税率为3%。计算甲企业应缴纳的契税。

2. 某企业2010年发生以下房地产交易业务：

(1) 出售土地使用权，取得收入5 000万元；

(2) 购买房屋一栋，成交价格为800万元；

(3) 受赠房屋一栋，资产评估机构的评估价格为650万元；

(4) 以出让方式取得土地，按规定缴纳的全部费用为600万元。

计算该企业应纳契税税额(当地政府规定的契税税率为4%)。

3.4 契税的申报缴纳及账务处理

要 点

契税采用由征收机关负责自征的办法，不得委托代征。纳税人应当自纳税义务发生之日起10日内，向土地、房屋所在地的契税征收机关办理纳税申报，并在征收机关核定的期限内缴纳税款。

解 释

◆ **契税纳税义务发生时间**

契税的纳税义务发生时间，为纳税人签订土地、房屋权属转移合同的当日，或者纳税人取得其他具有土地、房屋权属转移合同性质凭证的当日。

纳税人改变土地、房屋的用途，不再属于减征、免征契税范围的，其纳税义务发生时间为实际改变土地、房屋用途的当日。

◆ **契税的纳税期限**

纳税人应当自纳税义务发生之日起10日内，向土地、房屋所在地的契税征收机关办理纳税申报，并在征收机关核定的期限内缴纳税款。

◆ **契税的纳税地点**

契税在土地、房屋所在地的征收机关缴纳。

◆ **契税的纳税环节**

契税的纳税环节是在签订土地、房屋权属转移合同或者纳税人取得其他具有土地、房屋权属转移合同性质凭证之后，办理土地使用权证、房屋产权证之前。《契税条例》规定，纳税人应当持契税完税凭证和其他规定的文件材料，依法向土地管理部门、房产管理部门办理有关土地、房屋的权属变更登记手续。纳税人未出具契税完税凭证的，土地管理部门、房产管理部门不予办理有关土地、房屋的权属变更登记手续。对经法院判决的无效产权转移行为不征收契税。法院判决撤销房屋所有权证后，已纳契税款应予退还。

◆ **契税的申报要求**

纳税人应当自纳税义务发生之日起10日内，依法向土地、房屋所在地的契税征收机构办理纳税申报，填报纳税申报表，并在征收机构核定的时间内（土地、现房权属转移的，为义务发生之日起 30 日内；期房权属转移的，为房屋交付使用之日起 20 日内）缴纳全部契税。纳税人在申报纳税时还必须向征收机构报送下列材料：

（1）国有土地使用权出让、土地使用权转让、房屋买卖合同或赠与、交换协议的原件和复印件（原件退回）；

（2）根据征收机关的要求提供的房地产评估报告原件和复印件（原件退回）；

（3）有关发票、单据的原件和复印件（原件退还）；

（4）属政府征用拆迁重新安置的，要提供政府征用拆迁协议和重新安置协议；

（5）属二手房、地转让的，除提供转让合同、协议、单据外，还需提供原土地、房屋权属证件的复印件和原契证的原件（原件必须交征收机构收回，统一销毁），应提供而未提供原契证的，一律视同白契补征契税；

（6）有公证或法院裁定书的，要提供公证书或法院裁定书的原件和复印件（原件退回）；

（7）征收机关要求提供的其他证明材料。

国家税务总局制定的契税纳税申报表如表 3-1 所示。

表 3-1 契税纳税申报表

填表日期：　　年　月　日　　　　单位：元/平方米

<table>
<tr><td rowspan="2">承受方</td><td colspan="2">名　称</td><td colspan="2"></td><td>识别号</td><td></td></tr>
<tr><td colspan="2">地　址</td><td colspan="2"></td><td>联系电话</td><td></td></tr>
<tr><td rowspan="2">转让方</td><td colspan="2">名　称</td><td colspan="2"></td><td>识别号</td><td></td></tr>
<tr><td colspan="2">地　址</td><td colspan="2"></td><td>联系电话</td><td></td></tr>
<tr><td rowspan="5">土地、房屋
权属转移</td><td colspan="2">合同签订时间</td><td colspan="4"></td></tr>
<tr><td colspan="2">土地、房屋地址</td><td colspan="4"></td></tr>
<tr><td colspan="2">权属转移类别</td><td colspan="4"></td></tr>
<tr><td colspan="2">权属转移面积</td><td colspan="4">平方米</td></tr>
<tr><td colspan="2">成交价格</td><td colspan="4">元</td></tr>
<tr><td>适用税率</td><td colspan="6"></td></tr>
<tr><td>计征税额</td><td colspan="6">元</td></tr>
<tr><td>减免税额</td><td colspan="6">元</td></tr>
<tr><td>应纳税额</td><td colspan="6">元</td></tr>
<tr><td>纳税人员
签　章</td><td></td><td>法人代表
签　章</td><td></td><td></td><td>经办人员
签　章</td><td></td></tr>
</table>

◆ **契税的账务处理**

契税是在土地、房屋权属转移，由承受单位取得该项产权时缴纳的一种税。对购买单位而言，契税是取得不动产产权的一种必然支出。由于资产是按实际成本计价的，所以取得房产产权所支付的契税也应计入该项资产的实际成本。

1. 会计科目的设置

为了核算契税的应交及已交等情况，应在“应交税费”科目下设置“应交契税”明细科目，贷方登记应交纳的契税，借方登记实际交纳的契税，期末贷方余额为应交未交的契税。

2. 会计核算

企业取得的房屋可直接使用的，在取得时按应纳的契税税额外负担，先记入“固定资产”科目。如果取得的房屋需修建后再使用，则应纳契税并记入“在建工程”科目，待修建完工后再转入“固定资产”科目。

(1) 企业受赠房屋并能直接使用的，企业在接受捐赠时，账务处理为：借：固定资产　贷：营业收入　应交税费——应交契税　实际缴纳契税时，借：应交税费——应交契税　贷：银行存款。

(2) 企业承典取得房屋且不能直接使用的，在取得房屋产权时，会计分录为：借：在建工程　贷：应交税费——应交契税　银行存款　实际缴纳契税时，借：应交税费——应交契税　贷：银行存款　房屋修建完工后，借：固定资产　贷：在建工程。

(3) 企业购买房屋且房屋能直接使用的，在买入楼房时，账务处理为：借：固定资产　贷：应交税费——应交契税　银行存款　实际缴纳契税时，借：应交税费——应交契税　贷：银行存款　交换房屋时，如果双方价格相当，可免征契税。如果价格不相当，其超过部分按买契的税率纳税。国有企业相互间转移国有房产，免纳契税。公司在补缴税款和滞纳金时，借：固定资产或在建工程　利润分配——未分配利润　贷：银行存款。

3. 会计处理

企业按规定计算应交纳的契税，借记“在建工程”、“固定资产”、“无形资产”等科目，贷记“应交税费——应交契税”科目。实际上交契税，借记“应交税费——应交契税”科目，贷记“银行存款”科目。

相关知识

◆ **契税的征收管理**

纳税人办理纳税事宜后，征收机关应向纳税人开具契税完税凭证。

纳税人持契税完税凭证和其他规定的文件材料，依法向房地产管理部门办理有关土地、房屋的权属变更登记手续。房地产管理部门应向契税征收机关提供有关资料，并协助契税征收机关依法征收契税。

实例详解

【例 3-9】 某中美合资企业 2009 年 1 月从当地政府手中取得某块土地使用权，支付土地使用权出让费 1 500 000 元，省政府规定契税的税率为 3%，计算企业应当缴纳的契税税额？企业在实际缴纳契税时如何做会计分录？

【分析】 应纳契税税额＝1 500 000×3%＝45 000(元)

企业在实际缴纳契税时应做如下会计分录：

借：无形资产——土地使用权　　45 000

　　贷：银行存款　　45 000

【例 3-10】 某福利院 2002 年 3 月 15 日收到当地政府无偿划入土地一块，该企业申报缴纳契税，契税征收机关参照同样土地市价，确定该土地使用权价格为 450 000 元，当地政府规定契税税率为 4%，计算该福利院应纳契税税额。如何做会计分录？

【分析】 应纳契税税额＝450 000×4%＝18 000(元)

企业实际缴纳时做如下会计分录：

借：管理费用　　24 000

　　贷：银行存款　　24 000

【例 3-11】 大连某企业收到投资者以土地使用权作价 1 200 000 元投入企业作为资本。按规定，以土地使用权作价投资，应视同土地使用权转让，按规定缴纳契税。假如当地政府规定契税税率为 5%，计算该企业应当缴纳的契税并作会计分录。

【分析】 (1) 该企业应当缴纳的契税：

应纳税额＝1 200 000×5%＝60 000(元)

(2) 该企业在实际缴纳契税时，应编制如下会计分录：

借：无形资产　　75 000

　　贷：银行存款　　75 000

【例 3-12】 某国有企业接受捐赠房产一栋，房屋按市场售价计算应为 150 万元。假设税率为 5%，计算企业应缴纳的契税并做会计分录。

【分析】 赠与行为，企业应纳契税。

应纳税额＝1 500 000×5%＝75 000(元)

缴纳契税时，做如下会计分录：

借：固定资产　　　　　　　　　　75 000

　　贷：银行存款　　　　　　　　　　750000

【例 3-13】 某中外合资企业 2002 年 1 月从当地政府手中取得某块土地使用权，支付土地使用权出让费 1 200 000 元，省政府规定契税的税率为 3%。计算企业应当缴纳的契税并做会计分录。

【分析】 应纳税额＝1 200 000×3%＝36 000(元)

则企业在实际缴纳契税时，做如下会计分录：

借：无形资产——土地使用权　　　　　　　　　　36 000

　　贷：银行存款　　　　　　　　　　36 000

【例 3-14】 某运输公司收到小王以土地使用权作价 6 000 000 投入企业作为资本。计算应缴纳契税税额并做会计分录。假如当地政府规定契税税率为 5%。

【分析】 按规定，以土地使用权作价投资，应视同土地使用权转让

应纳税额＝6 000 000×5%＝300 000(元)

企业应做如下会计分录：

借：无形资产——土地使用权　　　　　　　　　　300 000

　　贷：银行存款　　　　　　　　　　300 000

实战训练

一、单项选择题

1. 关于契税纳税义务发生时间，正确的是（　　）。

A. 纳税人签订土地、房屋权属转移合同的当天

B. 纳税人办妥土地、房屋权属变更登记手续的当天

C. 纳税人签订土地、房屋权属变更登记手续的 10 日内

D. 房屋、土地移交的当天

2. 在发生契税纳税义务之日起（　　）日内，纳税人向契税征收机关申报纳税。

A. 5　　　　B. 10

C. 15　　　　D. 7

3. 下列关于契税的陈述，正确的是（　　）。

A. 契税应当自纳税义务发生之日起 7 日内缴纳税款

B. 契税的适用税率，由省、自治区、直辖市税务机关在规定的幅度内按照本地区的实际情况确定，并报财政部和国家税务总局备案

C. 契税应当在土地、房屋所在地的征收机关缴纳

D. 纳税人应该先办理权属变更登记手续再缴纳契税

二、多项选择题

1. 以下说法不正确的是(　　)。

A. 契税纳税义务发生的时间是纳税人签订土地、房屋权属转移合同的当天

B. 纳税人必须持契税完税凭证和其他规定材料向相关部门办理权属变更手续

C. 纳税人的纳税期限是纳税义务发生之日起的15日内

D. 纳税义务发生的时间是纳税人实际收到土地、房屋的当天

2. 契税纳税义务发生时间可以是(　　)。

A. 取得具有房地产权属转移合同性质凭证的当天

B. 取得具有房地产权属转移合同性质凭证的次日

C. 签订房地产权属转移合同的当天

D. 签订房地产权属转移合同的次日

3. 下列关于契税表述,正确的是(　　)。

A. 契税的征税对象是我国境内产权发生转移的土地、房屋权属

B. 契税的纳税人是我国境内土地、房屋权属的承受者

C. 契税实行比例税率

D. 契税具体的执行税率,由各省、自治区、直辖市人民政府在规定的幅度内,根据本地区的实际情况确定

三、判断题

1. 纳税人改变土地、房屋的用途,不再属于减征、免征契税范围的,其纳税义务发生时间为实际改变土地、房屋用途的当日。(　　)

2. 纳税人应当自纳税义务发生之日起15日内,向土地、房屋所在地的契税征收机关办理纳税申报,并在征收机关核定的期限内缴纳税款。(　　)

3. 契税在土地、房屋所在地的征收机关缴纳。(　　)

4. 契税的纳税环节是在签订土地、房屋权属转移合同或者纳税人取得其他具有土地、房屋权属转移合同性质凭证之后,办理土地使用权证、房屋产权证之前。(　　)

5. 纳税人应当自纳税义务发生之日起15日内,依法向土地、房屋所在地的契税征收机构办理纳税申报,填报纳税申报表,并在征收机构核定的时间内缴纳全部契税。(　　)

四、计算题

1. A企业将其拥有的一栋写字楼，与B企业拥有的一座商厦相交换，双方协议规定由A企业补付现金1 500万元，契税税率为5%。根据所给经济业务做相关涉税会计处理。

2. 大连某企业收到投资者以土地使用权作价1 800 000元投入企业作为资本。按规定，以土地使用权作价投资，应视同土地使用权转让，按规定缴纳契税。假如当地政府规定契税税率为5%。计算企业应缴纳契税税额并做会计处理。

3.5 契税节税技巧

要 点

在目前的经济生活中，涉及转移土地、房屋权属的契税缴纳行为较多，根据契税缴纳的税收政策进行纳税筹划，降低契税支出，日益为各方面纳税人所重视。进行纳税筹划的重要前提是懂得税法，熟练地掌握其相关优惠政策。如果经济当事人发现自己的应税行为属于减免税优惠范围，那么只要经过税法规定的程序进行申请，便可节省税款；而如果经济当事人发现自己的行为不属于减免税优惠范围，不妨创造条件使自己符合要求，同样也可以节省税款。现举例说明契税缴纳的纳税筹划方法。

解 释

◆ **利用等价交换节税技巧**

根据《中华人民共和国契税暂行条例》第四条，土地使用权交换、房屋交换，以所交换土地使用权、房屋价格的差额为计税依据。这就是说，当双方当事人进行交换的价格相等时，任何一方都不用缴纳契税，因为差价为零。根据《中华人民共和国契税暂行条例实施细则》第十条，土地使用权交换、房屋交换，交换价格不相等的，由多交付货币、实物、无形资产或者其他经济利益的一方缴纳税款。土地使用权与房屋所有权之间相互交换，按照上述规则缴纳契税。

因此，当纳税人交换土地使用权或房屋所有权的时候，如果能想办法保持双方的价格差额较小甚至没有，这时以价格为计税依据计算出来的应纳契税就会较少甚至没有。故而这种筹划的核心便是尽量地缩小两者的价差。

这种筹划方法的另一种引申便是，将本来不属于交换的行为，通过合法的途径改变为交换行为，以减少税款。

◆ **利用隐性赠予节税技巧**

赠与行为在现实经济活动中比较常见，如某人向他人赠送纪念物、货币等，这是当事人自主决策的行为。在契税中，我国税法规定，当事人赠与土地使用权、房屋属于应税行为，应当依照规定缴纳契税。本来赠与的目的就是要使他人（受赠人）获益，但由于税收的原因，受赠人却要因此支付一笔税款，无论这笔税款最终实际由谁支付，当事人双方都会觉得这笔税款是额外负担。

◆ **签订分立合同节税技巧**

对于房地产企业开发的带有个性化装修的商品房，有两种销售合同订立方式，一是将装修费包含在销售价以内，二是签订销售合同和委托装修合同两种合同，装修费不包含在销售价内。装修费应由另一企业按照税法的规定，企业销售商品房按销售金额的5%缴纳营业税，提供装修服务的按装修合同金额的3%缴纳营业税，城建税及教育费附加一般按营业税的11%缴纳。销售商品房取得的增值额按四级超额累进税率征收土地增值税。购房者按商品房售价的3%～5%缴纳契税。根据上述规定，若商品房售价中包含装修费，企业将会多缴营业税、土地增值税，购房者将会多缴契税。

◆ **改变抵债时间节税技巧**

根据财政部、国家税务总局《关于企业改制重组若干契税政策的通知》(财税[2008]175号)规定，企业按照有关法律、法规的规定实施关闭、破产后，债权人（包括关闭、破产企业职工）承受关闭、破产企业土地、房屋权属以抵偿债务的，免征契税。

◆ **改变购买不动产方式节税技巧**

根据财税[2008]175号文件《关于企业改制重组若干契税政策的通知》。

(1) 非公司制国有独资企业或国有独资有限责任公司，以其部分资产与他人组建新公司，且该国有独资企业（公司）在新设公司中所占股份超过50%的，对新设公司承受该国有独资企业（公司）的土地、房屋权属，免征契税。

国有控股公司以部分资产投资组建新公司，且该国有控股公司占新公司股份85%以上的，对新公司承受该国有控股公司土地、房屋权属免征契税。上述所称国有控股公司，是指国家出资额占有限责任公司资本总额50%以上，或国有股份占股份有限公司股本总额50%以上的国有控股公司。

(2) 企业股权转让中，单位、个人承受企业股权，企业土地、房屋权属不发生转移，不征收契税。

(3) 两个或两个以上的企业，依据法律规定、合同约定，合并改建为一个企业，且原投资主体存续的，对其合并后的企业承受原合并各方的土地、房屋权属，免征契税。

(4) 企业依照法律规定、合同约定分设为两个或两个以上投资主体相同的企业，对派生方、新设方承受原企业土地、房屋权属，不征收契税。

(5) 国有、集体企业出售，被出售企业法人予以注销，并且买受人按照《劳动法》等国家有关法律法规政策妥善安置原企业全部职工，其中与原企业30%以上职工签订服务年限不少于三年的劳动用工合同的，对其承受所购企业的土地、房屋权属，减半征收契税；与原企业全部职工签订服务年限不少于三年的劳动用工合同的，免征契税。

(6) 企业依照有关法律、法规的规定实施注销、破产后，债权人(包括注销、破产企业职工)承受注销、破产企业土地、房屋权属以抵偿债务的，免征契税；对非债权人承受注销、破产企业土地、房屋权属，凡按照《劳动法》等国家有关法律法规政策妥善安置原企业全部职工，其中与原企业30%以上职工签订服务年限不少于三年的劳动用工合同的，对其承受所购企业的土地、房屋权属，减半征收契税；与原企业全部职工签订服务年限不少于三年的劳动用工合同的，免征契税。

(7) 经国务院批准实施债权转股权的企业，对债权转股权后新设立的公司承受原企业的土地、房屋权属，免征契税。

政府主管部门对国有资产进行行政性调整和划转过程中发生的土地、房屋权属转移，不征收契税。

企业改制重组过程中，同一投资主体内部所属企业之间土地、房屋权属的无偿划转，包括母公司与其全资子公司之间，同一公司所属全资子公司之间，同一自然人与其设立的个人独资企业、一人有限公司之间土地、房屋权属的无偿划转，不征收契税。

◆ 个人购买住房节税技巧

为了配合国家住房制度改革，有效启动房地产市场，积极培育新的经济增长点，国家对个人买卖住房进行了一系列税收政策的调整。个人在购买私用住房时，应认真学习研究这些政策，以便灵活运用，使自己的购买住房行为既符合国家政策，又可以节省部分税款。

根据财政部、国家税务总局财税字[1999]210号文件《关于调整房地产市场若干税收政策的通知》，有关文件规定的普通住宅标准，暂按每套住房建筑面积不超过120平方米计算。即如果个人购买住房建筑面积不超过120平方米，在符合一定条件的情况下，可以享受税收减免优惠。

自从国家调整房地产市场若干政策于1999年8月1日执行后，涉及个人购买住房应缴纳的契税也做了相应的调整，具体而言可以分为以下几种情况。

(1) 个人购买自用的普通住宅(根据财税字[1999]210号文件，是指建筑面积在120平方米以下的住宅)暂减半征收契税。契税实行的幅度税率为3%～5%，各省、自治区、直辖市人民政府可以在3%～5%的幅度税率规定范围内，按照本地区的实际情况决定。北京市确定的契税税率为4%，因而此类住房的契税税率为房屋全款的2%。

(2) 个人购买1998年6月30日以前建成但尚未售出的商品住房，即空置商品房，可以免征契税。因为这些空置商品房严重地影响了开发商的投资回收周期，从而影响了开发商品的投资积极性。为鼓动房地产开发商的投资行为，促进住房市场的良性发展，国家给予1998年6月30日以前建成但尚未售出的商品住房免征契税的优惠。但是这项优惠有时间限制，只限于1999年8月1日以后，2000年年底以前购买商品房，这类商品房不分面积大小，均可享受免税政策的优惠。

(3) 个人购买1998年6月30日以后建成的非普通住宅，也就是建筑面积在120平方米以上的住宅，或者是在1999年8月1日之前税收优惠政策尚未执行时购买的商品住宅，个人要缴纳契税的适用税率为房屋全部售价的4%，不能享受减半或是免税照顾。

个人在购买自用住宅时，应注意运用这些政策，尽量减少自己的应缴税款。当然购买住房应以实用为主要标准，不能一味地追求节税。虽然购买某些住房可以享受税收优惠，但房屋的设计不尽如人意，面积太小或太大，或者是远离工作地点，也不是很好的选择。

在住房的各方面条件均符合自己要求的情况下，比较各套房屋的应纳税款，从而选择最合适的住房是必要的，

例如，两套规模结构相当的住房，均是150平方米，全部价款为100万元，一套是于1998年6月30日竣工前验收的，另一套是在1998年6月30日以后竣工验收的，则前者不用缴纳契税，而后者应适用4%的税

率，其应纳税额的计算如下：

应纳契税＝100×4％＝4(万元)

显然购买前者合算，因为这将会节省4万元的税款。

除了利用上述政策进行契税的纳税筹划外，纳税人在日常生活中还可以利用下列政策帮助自己少缴税款。

(1) 城镇职工按规定第一次购买住房，免征契税。此项规定只限于第一次购买，并且在国家规定的标准面积之内购买的公用住房。根据北京市的住房政策，在市规定面积以内的部分免征契税，超过的部分，还要按照4％的税率缴纳契税。另外，如果住房面积没有达到市规定面积标准的，重新购置公有住房的，视为第一次购房。

(2) 因不可抗力灭失住房而重新购买住房的，酌情减征或者免征。

(3) 土地、房屋被县级以上人民政府征用、占用后，重新承受土地、房屋权属的，由省级人民政府确定是否减免。

◆ **利用税收优惠节税技巧**

国家往往会制定一些纳税优惠政策，而在很多时候，纳税人并非一定具备享受优惠政策的条件，因而经常无法享受这些优惠政策。其实这时纳税人完全可以不采取消极等待战术，而采用积极进攻战术，为自己享受优惠待遇创造条件，来达到节省税款的目的，这种方式也就是通常所说的挂靠筹划法。

例如，有两块地，一块是贫地，另一地是荒滩土地，荒滩土地经改造，生产能力比贫地还稍好，某农夫欲将该两块地中之一块用于农业生产。如果不从税收方面进行筹划，农夫出于种种考虑，可能会选择可以直接用于农业生产的贫地，但这块地的土地使用权的获得是要缴纳契税的。因而选择荒滩，以使自己符合免税条件，纳税人便可以节省税款。

再如，根据《契税条例》第六条，国家机关、事业单位、社会团体、军事单位承受土地、房屋用于办公、教学、医疗、科研和军事设施的，免征契税。如果纳税人符合这些条例当然更好；如果不符合，则可以创造条件，使其用途符合该项规定，也就可以享受优惠待遇了，这种情况在现实生活中很是常见。应该注意的是，这里所称用于办公的，是指办公楼以及其他直接用于办公的土地、房屋；这里所称的用于教学的，是指教室(教学楼)以及其他直接用于教学的土地、房屋；这里所称用于医疗的，是指门诊部以及其他直接用于医疗的土地、房屋；这里所称用于科研的，是指科学试验的场所以及其他直接用于科研的土地、房屋；这里所称用于军事设施的，是指：

(1) 地上和地下的军事指挥作战工程；

(2) 军用的机场、港口、码头；

(3) 军用的库房、营区、训练场、试验场；

(4) 军用的通信、导航、观测台站；

(5) 其他直接用于军事设施的土地、房屋。

本筹划方法还包括外交税收豁免的使用，按照税法规定，对于依照我国有关法律规定以及我国缔结或参加的双边或多边条约或协定的规定应当予以免税的外国驻华使馆、领事馆、联合国驻华机构及其外交代表、领事官员和其他外交人员承受的土地、房屋权属，经外交部确认，可以免征契税。如果能通过创造条件，使自己属于这一类人员，不仅土地、房屋买卖的契税可以省去，很多个人方面的税款也可以省去。

实例详解

【例 3-15】 甲、乙两位当事人交换各自房屋所有权，甲的房屋市场价值大约为 100 万元，乙的房屋市场价值大约是 50 万元，如果不进行筹划，乙应该缴纳一定数额的契税，其计算如下：

应纳税额＝(100－50)×4％＝2(万元)

如何进行节税筹划？

【分析】 由于甲、乙两位当事人进行房屋所有权交换总是会用于某一特定目的，双方当事人交换房屋所有权之后再进行改造以用于该目的与双方当事人在交换之前便进行改造，其实际效果是一样的，都可以将房屋改造得适合于该项用途。这就给纳税人进行筹划创造了一定条件，具体的筹划如下。

由纳税人乙将自己的房屋按照甲的要求进行改造，以满足甲的特定目的，该项改造应控制在一定的限度里，即不要使乙拥有的该房屋价格高于甲的房屋价格。假定通过这次改造，乙拥有的房屋市场价格可以升为 90 万元或更高一点(当然能控制在 100 万元是最理想的，也最省事)这时可以采用乙装修、装潢其房屋或是将甲的房屋可以单独出售的部分从整体中分开，只将主要部分交换的方法进行筹划。

需要注意的是，双方在交换土地使用权或房屋所有权时，也可采用自由定价，分段抬高或压低价格的方法进行筹划，使两者价格差额较小甚至没有，但这种筹划应控制在一定的限度里，因为税务机关具有一定的调整权。根据《契税条例》第四条，成交价格明显低于市场价格并且无正当理由的，或者所交换土地使用权、房屋的价格差额明显不合理并且无正当理由由的，由征收机关参照市场价格核定。

可见，单纯地从价格上进行调节，很容易导致税务机关的纳税调整，反而得不偿失，如果加之以适当的改造，这种筹划便完美多了。

【例 3-16】 有甲、乙、丙三位经济当事人，甲和丙均拥有一套价值500万的房屋，乙想购买甲的房屋，甲也想购买丙的房屋后出售其房屋。如果不进行筹划，甲购买丙的住房，应缴纳契税，其计算如下（假定税率为5%）：

应纳税额＝500×5%＝25（万元）

同样，甲向乙出售其住所，乙也应缴纳契税，税款为25万元。

试进行节税筹划。

【分析】 如果三方进行一下调整，先由甲和丙交换房屋，再由丙将房屋出售给乙，这同样可以达到上述买卖的结果，但应纳税款却是天壤之别了。因为甲和丙交换房屋所有权为等价交换，没有价格差额，不用缴纳契税，整个经济交易活动，只是在丙将房屋出售于乙时，应由乙缴纳契税，其计算如下：

应纳税额＝500×5%＝25（万元）

较上一种交易可以节省税款25万元。

【例 3-17】 信达公司有一块土地价值4 000万元拟出售给南方公司，然后从南方公司购买其另外一块价值4 000万元的土地。双方签订土地销售与购买合同后，信达公司应缴纳契税＝4 000×4%＝160（万元），南方公司应缴纳契税＝4 000×4%＝160（万元）。试进行纳税筹划。

【分析】 纳税筹划思路：根据《中华人民共和国契税暂行条例》及其《实施细则》规定，土地使用权、房屋交换，契税的计税依据为所交换的土地使用权、房屋的价格差额，由多交付货币、实物、无形资产或其他经济利益的一方缴纳税款，交换价格相等的，免征契税。

根据上述文件对于免征契税的规定，提出纳税筹划方案如下：信达公司与南方公司改变合同订立方式，签订土地使用权交换合同，约定以4 000万元的价格等价交换双方土地。根据契税的规定，信达公司和南方公司各自免征契税160万元。

【例 3-18】 甲向乙赠送（免费）一套住房，该套住房市面价值90万元，再假定适用税率为5%，则乙要支付90×5%＝4.5（万元）的税款。如何筹划可以节约税款？

【分析】 这时，比较好的办法就是不办理产权转移手续。因为甲既然愿向乙赠送该套住房，其原意应该是不再索回该住房的所有权，其实让受赠人实际占有该套住房也能达到这种效果。这里所要做的只是赠与人搬出(让出)该套住房,受赠人以实际居住的形式占有,只要赠与人不再索回该房的所有权就可以解决了。这种筹划可以完全免去应缴税款、效果很好,但这要建立在赠与人信誉较好的前提下。如果赠与人信誉不好,赠送出去的东西在某一日忽然想索回,则受赠人反倒不如多缴点税款去办理产权转移手续。而且这种筹划还有一个弱点,这便是出现经济纠纷时,产权归属的界定可能会带来一定的麻烦。当事人在利用该法进行筹划,一定要权衡利弊,以作出最优的选择。

【例 3-19】 某房地产开发企业销售毛坯房 12 000 元/平方米,精装房 13 500 元/平方米,计算增值额扣除项目金额 8 000 元/平方米,假定契税税率 3%。

【分析】 若按 13 500 元/平方米签订销售合同,则企业应缴纳:

营业税=13 500×5%=675(元/平方米)

城建税和教育费附加=675×11%=74.25(元/平方米)

土地增值税=8 000×50%×30%+(13 500-3 000×50%)×40%=1 680(元/平方米)

购房者应缴纳契税=13 500×3%=450(元/平方米)

若按 12 000 元/平方米签订销售合同,1 500 元/平方米签订装修合同,则企业应缴纳:

营业税=12 000×5%+1 500×3%=645(元/平方米)

城建税和教育费附加=645×11%=70.95(元/平方米)

土地增值税=(12 000-8 000)×30%=1 200(元/平方米)

购房者应缴纳契税=12 000×3%=360(元/平方米)

由此可见,经过筹划企业能节省税款 513.3 元/平方米,购房者能少缴纳契税 90 元/平方米。

【例 3-20】 红叶实业公司有一化肥生产车间拟出售给月星化工公司,该化肥生产车间有一幢生产厂房及其他生产厂房附属物,附属物主要为围墙、烟囱、水塔、变电塔、油池油柜、若干油气罐、挡土墙、蓄水池等,化肥生产车间总占地面积 3 000 平方米,整体评估价为 600 万元(其中生产厂房评估价为 160 万元,3 000 平方米土地评估价为 240 万元,其他生产厂房附属物评估价为 200 万元),月星化工公司按整体评估价 600 万元购买,应缴纳契税=600×4%=24(万元)。应如何进行节税筹划?

【分析】 纳税筹划思路:

根据财政部、国家税务总局《关于房屋附属设施有关契税政策的批复》(财税[2004]126号)规定：

(1) 对于承受与房屋相关的附属设施(包括停车位、汽车库、自行车库、顶层阁楼以及储藏室，下同)所有权或土地使用权的行为，按照契税法律、法规的规定征收契税；对于不涉及土地使用权和房屋所有权转移变动的，不征收契税。

(2) 采取分期付款方式购买房屋附属设施土地使用权、房屋所有权的，应按合同规定的总价款计征契税。

(3) 承受的房屋附属设施权属如为单独计价的，按照当地确定的适用税率征收契税；如与房屋统一计价的，适用与房屋相同的契税税率。

根据上述文件对于免征契税的规定，在支付独立于房屋之外的建筑物、构筑物以及地面附着物价款时不征收契税，由此提出纳税筹划方案如下：红叶实业公司与月星化工公司签订两份销售合同，第一份合同为销售生产厂房及占地3 000平方米土地使用权的合同，销售合同价款为400万元，第二份合同为销售独立于房屋之外的建筑物、构筑物以及地面附着物(主要包括围墙、烟囱、水塔、变电塔、油池油柜、若干油气罐、挡土墙、蓄水池等)，销售合同价款为200万元。经上述筹划，月星化工公司只就第一份销售合同缴纳契税，应缴纳契税＝400×4％＝16(万元)，节约契税支出8万元。

【例3-21】 大宇公司因严重亏损准备关闭，尚欠主要债权人辰光公司5 000万元，准备以公司一块价值5 000万元的土地偿还所欠债务。辰光公司接受大宇公司土地抵债应缴纳契税＝5 000×4％＝200(万元)。

【分析】 纳税筹划思路：根据财政部、国家税务总局《关于改制重组若干契税政策的通知》财税[2008]175号文件规定，企业按照有关法律、法规的规定实施关闭、破产后，债权人(包括关闭、破产企业职工)承受关闭、破产企业土地、房屋权属以抵偿债务的，免征契税。

根据上述文件对于免征契税的规定，提出纳税筹划方案如下：辰光公司改变接受大宇公司以土地抵债的时间，先以主要债权人身份到法院申请大宇公司破产，待大宇公司破产清算后再以主要债权人身份承受大宇公司以价值5 000万元的土地抵偿债务，可享受免征契税，节约契税支出200万元。

【例3-22】 伟业公司欠华林公司货款3 000万元，准备以伟业公司原价值3 000万元的商品房偿还所欠债务。华林公司接受伟业公司商品房抵债后又以3 000万元的价格转售给美亚公司偿还所欠债务3 000万元，华林公司接受伟业公司抵债商品房应缴纳契税＝3 000×4％＝120（万元）。试进行纳税筹划。

【分析】 纳税筹划思路：华林公司最终需将抵债商品房销售给美亚公司抵债，伟业公司抵债商品房在华林公司账面只是过渡性质，却需多缴纳契税 120 万元，在三方欠款均相等的情况下，进行纳税筹划后这 120 万元多缴纳的中间环节契税可免征，可考虑纳税筹划方案如下：华林公司与伟业公司、美亚公司签订债务偿还协议，由伟业公司将抵债商品房直接销售给美亚公司，美亚公司将房款汇给伟业公司，伟业公司收美亚公司房款后再汇给华林公司偿还债务，华林公司收伟业公司欠款后再汇给美亚公司偿还债务。经上述筹划后，三方欠款清欠完毕，且华林公司可享受免征契税，节约契税支出 120 万元。

【例 3-23】 广发有限责任公司于 2004 年 1 月向国有独资公司兴业有限责任公司购买三幢商品房，价值 8 800 万元，广发公司应缴纳契税＝8 800×4％＝352(万元)。进行相应的节税筹划。

【分析】 纳税筹划思路：根据财税[2008]175 号文件《关于企业改制重组若干契税政策的通知》中对于免征契税的规定，提出纳税筹划方案如下。

第一步，广发公司与兴业公司签订投资协议，共同出资组建广业有限责任公司，注册资本为 1 亿元，广发公司出资 200 万元，出资方式为货币资金，投资比例为 2％，兴业公司出资 8 800 万元，出资方式为三幢商品房，投资比例为 98％，并约定广业有限责任公司成立后，于 6 个月内办理商品房产权变更手续。办理商品房产权变更手续时，新设立的广业有限责任公司承受兴业公司投入的房产，因广发公司投资比例超过 50％，享受免征契税 352 万元。

第二步，办理完商品房产权变更手续后，广发公司与兴业公司另签订一份股权转让协议，约定兴业公司将所持广业有限责任公司 8 800 万元股份原价转让给广发公司股东。

第三步，股权转让手续办理完毕后，广发公司与兴盛有限责任公司于 2005 年 1 月签订合并协议，由广发公司合并广业有限责任公司，合并后金盛公司承受原广业有限责任公司的房产，享受免征契税 352 万元。

在以上对于契税缴纳的若干案例筹划中，要注意契税缴纳和土地增值税缴纳密切相关，进行税收筹划时需同时考虑土地增值税的税负，并结合有关营业税和企业所得税的相关免征政策，综合考虑企业总体税负支出，方能取得较好的筹划效果。

实战训练

一、单项选择题

1. 对于企业分立,以下说法符合税法规定的是(　　)。

A. 对派生方、新设方承受原企业土地房屋权属的,不征契税

B. 对派生方、新设方承受原企业土地房屋权属估价超过原账面价值的需全额缴纳契税

C. 对派生方、新设方承受原企业土地房屋权属估价超过原账面价值的需补交差额部分的契税

D. 对派生方、新设方承受原企业土地房屋权属估价低于原账面价值的可抵扣派生方、新设方以自行购买等方式取得的房产需缴纳的契税

2. 下列哪种方式不属于契税节税的技巧(　　)。

A. 改变抵债不动产的接收人

B. 利用显性赠予进行节税

C. 改变投资方式

D. 城镇职工按规定第一次购买住房,免征契税

二、多项选择题

1. 下列各选项中,可以帮助企业降低纳税负担的有(　　)。

A. 利用等价交换进行节税筹划

B. 利用隐性赠予进行节税筹划

C. 改变购买不动产方式进行节税筹划

D. 利用优惠政策创造条件进行节税筹划

2. 下列关于公司制改革问题符合税法规定的是(　　)。

A. 无论是否改变投资主体和出资比例改建成的公司制企业承受原有企业土地、房产,不征契税

B. 对不改变投资主体和出资比例改建成的公司制企业承受原有企业土地、房产,不征契税

C. 经国务院批准实施债权转股权的企业,对债权转股权后新设立的公司承受原企业的土地、房屋权属,免征契税

D. 公司制企业重组过程中以名下房产对其全资子公司进行增资,该子公司不应缴纳契税

三、判断题

1. 在契税中,我国税法规定,当事人赠与土地使用权、房屋属于应税行为,不需要缴纳契税。(　　)

2. 按照税法的规定，企业销售商品房按销售金额的5%缴纳营业税，提供装修服务的按装修合同金额的3%缴纳营业税，城建税及教育费附加一般按营业税的11%缴纳。（　　）

3. 两个或两个以上的企业，合并改建为一个企业，对合并后的企业承受原合并各方的房屋、土地权属免征契税。（　　）

4. 土地、房屋被县级以上人民政府征用、占用后，重新承受土地、房屋权属的，由市级人民政府确定是否减免。（　　）

5. 非公司制企业整体改建为有限责任公司（含国有独资公司）或股份有限公司，或者有限责任公司整体改建为股份有限公司的，对改建后的公司承受原企业土地、房屋权属，免征契税。（　　）

四、问答题

1. 已知甲和丙均拥有一套价值400万的房屋，乙想购买甲的房屋，甲也想购买丙的房屋后出售其房屋。请问这三方如何进行节税筹划？

2. 现有两套规模结构相当的住房，均是150平方米，全部价款为180万元，一套是于1998年6月30日竣工前验收的，另一套是在1998年6月30日以后竣工验收的。请问购房者选购哪套房子比较合理？

第4章

车　船　税

4.1　车船税概述

要　点

车船税是对在我国境内，依法应当到公安、交通、农业、渔业、军事等管理部门办理登记的车辆、船舶，根据其种类，按照规定的计税单位和年税额标准计算征收的一种财产税。

解　释

◆ 车船税的征收意义

目前，中国现行车船税的法律依据主要是 2006 年 12 月国务院颁布的《中华人民共和国车船税暂行条例》(简称《车船税条例》)和 2007 年 2 月财政部、国家税务总局颁发的《中华人民共和国车船税暂行条例实施细则》(简称《车船税实施细则》)。

车船税条例的出台，对于统一税制、公平税负、拓宽税基，增加地方财政收入，加强地方税征管都具有重要的意义，主要表现在以下几个方面。

1. 统一了各类企业的车船税制

条例将车船使用税和车船使用牌照税合并为“车船税”，统一适用拥有车辆、船舶的各类纳税人，包括外商投资企业、外国企业和外籍人员，解决了内外企业车船税制长期不统一的问题。

2. 由财产与行为税改为财产税

为了逐步建立适合我国国情的财产税制度，为地方财政提供较稳定的税收来源，并考虑到我国在机动车的使用环节已经征收养路费的情况，条例将过去车船使用税与车船使用牌照税定位的财产与行为税，改车船税为财产税性质，将纳税人由“拥有并且使用车船的单位和个人”改为“车辆、船舶的所有人或者管理人”。

3. 适当提高了税额标准

为了使车船税的税额标准与经济发展水平相适应，并考虑目前对车船征税和收费情况，条例保持了原车船使用税税额幅度的下限，而将上限提高了1倍左右。这样，为各地结合本地情况合理确定税额标准留下了一定的空间。

4. 调整了减免税范围

按照公平税负、拓宽税基的原则，条例采取三种方式对车船税制的减免税范围做了调整。

(1) 取消部分免税规定，对港作车船、工程船等经营性车船，国家机关、事业单位、人民团体等财政拨付经费单位的车船，以及趸船、浮桥用船不再给予免税；为了严格控制减免税。条例取消了对纳税确有困难的由省级人民政府予以定期减免税的规定。

(2) 增加部分免税的规定，条例将非机动车船、拖拉机、捕捞和养殖渔船增列为免税车船，以减轻低收入群体的税收负担；为鼓励和促进发展城乡公共交通，条例还授权省级人民政府可以根据当地实际情况，对城市、农村公共交通车船给予定期减税免税。

(3) 保留部分免税的规定，考虑到军队用车的特殊性和警务保障的需要，条例继续保留对军队、武警专用的车船和公安、司法等部门警用车船免税的规定；根据有关国际公约和我国相关法律法规，条例继续保留了对外交机构、国际组织及相关人员车船的免税规定，以遵循国际惯例，体现国家间对等的原则。

5. 与有关法律法规相衔接，强化了税源控管的力度

对车船征税具有涉及面广、税源流动性强、纳税人多为个人等特点，税务部门缺少有效的监控手段，没有有效的控管措施一直是制约车船税收征管质量提高的重要因素。2006年7月1日，国务院颁布的《机动车交通事故责任强制保险条例》开始施行。该条例规定，在我国道路上行驶的机动车的所有人或者管理人，都应当投保机动车交通事故责任强制保险。对未参加机动车交通事故责任强制保险的机动车，机动车管理部门不得予以登记，机动车安全技术检验机构不得予以检验。该险种具有强制性的特点，保险范围与车船税的征税范围相近，《车船税条例》将从事机动车交通事故责任强制保险业务的保险机构确定为机动车车船税的扣缴义务人，这就解决了长期以来困扰地方税务机关的车船税征收实施环节控管无法律依据的问题，为基层税务机关加强车船税的征管，实现源泉控管，堵塞机动车车船税的征管漏洞提供了有效手段。

◆ 车船税的立法原则

1. 筹集地方财政资金，支持交通运输事业发展

改革开放以来，我国的交通业发展迅速，运输紧张状况大为缓解，但矛盾依然存在。开征车船税，能够将分散在车船所有人手中的部分资金集中起来，可以增加地方财源，增加对交通运输建设的财政投入，加快交通运输业的发展。

2. 加强对车船使用的管理，促进车船的合理配置

随着经济的发展，社会拥有车船的数量急剧增加，开征车船税后，购置、使用车船越多，应缴纳的车船税越多，可以促使纳税人加强对已有车船的管理与核算，合理使用车船，提高车船的利用效率。

3. 调节财富分配，体现社会公平

在国外，车船税属于对不动产征税的范围，这类税收除了筹集地方财政收入外，另一重要功能是对个人拥有的财产或财富(如轿车、游艇等)进行调节，缓解财富分配不公。随着我国经济的发展，部分先富起来的个人拥有私人轿车、游艇及其他车船的情况将会日益增多，征收车船税对财富再分配也会显得更加重要。

相关知识

◆ 车船税的产生及发展

历史上，世界各国曾普遍征收车船税，如日本的机动车辆吨位税、德国的汽车税等。我国对车船税征收的历史悠久，中国对车船征税始于西汉，当时仅征商贾之车，不涉及一般的车船。明清时代，曾对内河商船征收船钞。1945 年 6 月，国民党政府公布了《使用牌照税法》，在全国统一开征车船使用牌照税。中华人民共和国成立后，中央人民政府政务院于 1951 年 9 月颁布了《车船使用牌照税暂行条例》，在全国部分地区开征。1973 年工商税制改革时，将对内资企业征收的车船使用牌照税并入工商税，对个人、外侨以及外资企业、中外合资、合营企业的车船，继续征收车船使用牌照税。1984 年 10 月国务院决定恢复对车船征税，因原税名为“车船使用牌照税”不太确切，实际工作中往往误认为是对牌照征税。因此，改名为车船使用税。1986 年 9 月 15 日，国务院颁布了《中华人民共和国车船使用税暂行条例》，从 1986 年 9 月 15 日起在全国施行。适用于除外商投资企业和外国企业以外的，在中国境内拥有并且使用车船的单位和个人。

实战训练

一、单项选择题

1. 2006年12月29日，国务院发布了《中华人民共和国车船税暂行条例》，本条例自(　　)起施行。

A. 2007年7月1日　　B. 2007年1月1日

C. 2008年1月1日　　D. 2007年9月1日

2. 车船税由(　　)负责征收。

A. 地方税务机关　　B. 国家税务机关

C. 财政机关　　D. 强制保险部门

3.《中华人民共和国车船税暂行条例》自2007年1月1日起施行。1951年9月13日原政务院发布的《车船使用牌照税暂行条例》和1986年9月15日国务院发布的《中华人民共和国车船使用税暂行条例》(　　)废止。

A. 同时　　B. 2007年7月1日

C. 2006年12月1日　　D. 2006年1月1日

4. 根据(　　)，制定《中华人民共和国车船税暂行条例实施细则》。

A.《中华人民共和国车船使用税暂行条例》

B.《车船使用牌照税暂行条例》

C.《中华人民共和国车船税暂行条例》

D.《中华人民共和国税收征收管理法》

5. 下列哪项不是车船税的立法原则？(　　)

A. 筹集地方财政资金，支持交通运输事业发展

B. 加强对车船使用的管理，促进车船的合理配置

C. 调节财富分配，体现社会公平

D. 促进我国经济法制化建设

二、多项选择题

1. 车船税条例的出台具有重要意义，其主要表现在(　　)。

A. 统一了各类企业的车船税制

B. 由财产与行为税改为财产税

C. 适当提高了税额标准

D. 调整了减免税范围

2. 车船税的立法原则包括(　　)。

A. 筹集地方财政资金，支持交通运输事业发展

B. 加强对车船使用的管理，促进车船的合理配置

C. 调节财富分配，体现社会公平

D. 促进我国经济法制化建设

3. 下列关于省级人民政府制定车船税实施办法和备案的规定说法不正确的有（　　）。

A. 各省、自治州、直辖市人民政府根据车船税条例和细则的有关规定制定具体实施办法，并报财政部、国家税务总局备案

B. 各省、自治区、计划单列市人民政府根据车船税条例和细则的有关规定制定具体实施办法，并报财政部、国家税务总局备案

C. 各省、自治区、直辖市人民政府根据车船税条例和细则的有关规定制定具体实施办法，并报财政部、国家税务总局备案

D. 各省、自治区、乡人民政府根据车船税条例和细则的有关规定制定具体实施办法，并报财政部、国家税务总局备案

4. 下面对于车船税论述正确的是（　　）。

A. 我国对车船征税的历史很悠久

B. 明清时曾对内河商船征收船钞

C. 中央人民政府政务院于1951年颁布了《车船使用牌照税暂行条例》

D. 对各类企业、行政事业单位和个人统一征收车船税。

5. 依法具有车船管理职能的部门是（　　）。

A. 公安部门　　B. 交通部门

C. 农业部门　　D. 渔业、军事部门

三、判断题

1.《中华人民共和国车船税暂行条例》自2007年1月1日起施行。（　　）

2.《中华人民共和国车船税暂行条例》所称车船，是指依法应当在车船管理部门登记的车船。（　　）

3. 税务机关付给扣缴义务人代收代缴手续费的标准由国家税务总局制定。（　　）

4. 机动车车船税的扣缴义务人依法代收代缴车船税时，纳税人可以拒绝。（　　）

5. 车船税的征收管理，依照《中华人民共和国税收征收管理法》及《中华人民共和国车船税暂行条例》的规定执行。（　　）

四、问答题

1. 什么是车船税？我国现行的车船税的法律依据是什么？

2. 我国车船税的立法原则有哪些？

4.2 车船税的征税对象、范围及纳税人

要 点

车船税的征税对象为车辆和船舶。范围是在中华人民共和国境内依法应当在车船管理部门登记的车船。纳税人为车辆、船舶(简称车船)的所有人或者管理人。

解 释

◆ **车船税的征税对象**

车船税的征税对象为车辆和船舶。

1. 车辆

根据《车船税条例》和《车船税实施细则》的规定,作为车船税征税对象的车辆,是依法在公安、交通、农业等车辆管理部门登记的车辆,包括:载客汽车(含电车);载货汽车(含半挂牵引车、挂车);三轮汽车;低速货车;摩托车、专项作业车和轮式专用机械车。

2. 船舶

根据《车船税条例》和《车船税实施细则》的规定,作为车船税征税对象的船舶,是依法在船舶管理部门登记的船舶,包括:机动船、拖船、非机动驳船。

◆ **车船税的征税范围**

车船税的征税范围是在中华人民共和国境内依法应当在车船管理部门登记的车船。车船管理部门是指公安、交通、农业、渔业、军事等依法具有车船管理职能的部门。

在机场、港口以及其他企业内部场所行驶或者作业,并在车船管理部门登记的车船,应当缴纳车船税。

◆ **车船税的纳税人**

车船税的纳税人为车辆、船舶(简称车船)的所有人或者管理人,车船的所有人或者管理人未缴纳车船税的,使用人应当代为缴纳车船税。

从事机动车交通事故责任强制保险业务的保险机构为机动车车船税的扣缴义务人,应当依法代收代缴车船税。

所称管理人，是指对车船具有管理使用权，不具有所有权的单位。车船管理部门，是指公安、交通、农业、渔业、军事等依法具有车船管理职能的部门。

实战训练

一、单项选择题

1. 在中华人民共和国境内，车辆、船舶的（　　）为车船税的纳税人，应当依照本条例中的规定缴纳车船税。

A. 所有人或者管理人　　B. 所有人

C. 管理人　　D. 销售单位

2. 下列汽车不征收车船税的是（　　）。

A. 国家机关自用的汽车　　B. 商业银行自用汽车

C. 外商投资企业使用的汽车　　D. 拖拉机

3. 下列哪个不是《中华人民共和国车船税暂行条例》中规定的车船管理部门？（　　）

A. 公安　　B. 交通

C. 车船保险部门　　D. 农业

二、多项选择题

1. （　　）等具有车船管理职能的部门应当将依法登记的车船的牌照、类型、车主的相关信息按季度传递给地方税务机关，协助地方税务机关加强车船税的征收管理。

A. 公安　　B. 交通

C. 农业、渔业　　D. 军事

2. 车船税的征收管理，依照（　　）的规定执行。

A.《中华人民共和国税收征收管理法》

B.《中华人民共和国车船税暂行条例》

C.《中华人民共和国税收征收管理法实施细则》

D.《中华人民共和国保险条例》

3. 下面不能征收车船税的机关或部门是（　　）。

A. 地方税务机关　　B. 国家税务机关

C. 财政机关　　D. 强制保险部门

4. 关于车船税扣缴义务人说法正确的有（　　）。

A. 机动车车船税的扣缴义务人依法代收代缴车船税时，纳税人不得拒绝

B. 扣缴义务人在代收车船税时，应当在机动车交通事故责任强制保险单上注明

C. 扣缴义务人可以受理纳税人申请退税

D. 扣缴义务人可以对纳税人进行罚款

5. 在中华人民共和国境内，车辆、船舶的(　　)为车船税的纳税人，应当依照《中华人民共和国车船税暂行条例》的规定缴纳车船税。

A. 经销单位　　B. 所有人

C. 管理人　　D. 使用人

三、判断题

1. 车船税的征税范围是在中华人民共和国境内依法应当在车船管理部门登记的车船。(　　)

2. 作为车船税征税对象的车辆是指所有车辆。(　　)

3. 在机场、港口以及其他企业内部场所行驶或者作业，并在车船管理部门登记的车船，应当缴纳车船税。(　　)

4. 从事机动车交通事故责任强制保险业务的保险机构为机动车车船税的扣缴义务人，应当依法代收代缴车船税。(　　)

5. 根据《车船税条例》和《车船税实施细则》的规定，车船税的征税对象是指所有船舶。(　　)

四、问答题

1. 在机场、港口及其他企业内部场所行驶或者作业，并在车船管理部门登记的车辆，是否需要缴纳车船税？

2. 车船税的征收对象有哪些？

4.3　车船税的计算

要　点

车船税采用定额税率，实行从量计征，应纳税额的计算，因计税依据不同，其计算公式也不同。

解　释

◆ **车船税的适用税额**

车船税采用定额税率，即对征税的车船规定单位固定税额。车船税确定税额总的原则是：排气量小的车辆税负轻于排气量大的车辆；载人

少的车辆税负轻于载人多的车辆；自重小的车辆税负轻于自重大的车辆；小吨位船舶的税负轻于大吨位船舶。由于车辆与船舶的行驶情况不同，车船税的税额也有所不同，如表 4-1 所示。

表 4-1　车船税税目税额表

税　目	计税标准	每年税额(元)	备　注
载客汽车	每辆	60～660	包括电车
其中：			
大型客车	每辆	480～660	
中型客车	每辆	420～660	
小型客车	每辆	360～660	
微型客车	每辆	60～480	
载货汽车	按自重每吨	16～120	包括半挂牵引车、挂车
三轮汽车	按自重每吨	24～120	
低速货车	按自重每吨	24～120	
专项作业车和轮式专用机械车	按自重每吨	16～120	
摩托车	每辆	36～180	
船舶	按净吨位每吨	3～6	拖船和非机动驳船分别按船舶税额的50%计算
其中：	净吨位小于或者等于 200 吨的	3 元/吨	
	净吨位 201 吨至 2 000 吨的	4 元/吨	
	净吨位 2 001 吨至 10 000 吨的	5 元/吨	
	净吨位 10 001 吨及其以上的	6 元/吨	

国务院财政部门、税务主管部门可以根据实际情况，在《车船税税目税额表》规定的税目范围和税额幅度内，划分子税目，并明确车辆的子税目税额幅度和船舶的具体适用税额。车辆的具体适用税额由省、自治区、直辖市人民政府在规定的子税目税额幅度内确定。

◆ 车船税的计税依据

(1) 纳税人在购买机动车交通事故责任强制保险时，应当向扣缴义务人提供地方税务机关出具的本年度车船税的完税凭证或者减免税证明。不能提供完税凭证或者减免税证明的，应当在购买保险时按照当地的车船税税额标准计算缴纳车船税。

(2) 拖船按照发动机功率每 2 马力折合净吨位 1 吨计算征收车船税。

(3)《车船税条例》及其实施细则所涉及的核定载客人数、自重、净吨位、马力等计税标准,以车船管理部门核发的车船登记证书或者行驶证书相应项目所载数额为准。纳税人未按照规定到车船管理部门办理登记手续的,上述计税标准以车船出厂合格证明或者进口凭证相应项目所载数额为准;不能提供车船出厂合格证明或者进口凭证的,由主管地方税务机关根据车船自身状况并参照同类车船核定。

(4) 车辆自重尾数在 0.5 吨以下(含 0.5 吨)的,按照 0.5 吨计算;超过 0.5 吨的,按照 1 吨计算。船舶净吨位尾数在 0.5 吨以下(含 0.5 吨)的不予计算,超过 0.5 吨的,按照 1 吨计算。1 吨以下的小型船,一律按照 1 吨计算。

(5)《车船税条例》及其实施细则所称的自重,是指机动车的整备质量。

(6) 对于按照《车船税实施细则》的规定,无法准确获得自重数值或自重数值明显不合理的载货汽车、三轮汽车、低速货车、专项作业车和轮式专用机械车,由主管税务机关根据车辆自身状况并参照同类车辆核定计税依据。对能够获得总质量和核定载质量的,可按照车辆的总质量和核定载质量的差额作为车辆的自重;无法获得核定载质量的专项作业车和轮式专用机械车,可按照车辆的总质量确定自重。

◆ 车船税应纳税额的计算

为平衡不同种类、等级车辆与船舶的税收负担,考虑各地的经济发展水平,车船税采用分类分级幅度定额税率。

车辆的车船税税额计算公式分别为:

载客汽车、摩托车的应纳税额=应税车辆数量×适用税额

载货汽车、三轮汽车、低速货车的应纳税额=自重吨数×适用单位税额

船舶的车船税税额计算公式分别为:

机动船的应纳税额=净吨位数×适用单位税额

拖船和非机动驳船应纳税额=净吨位数×适用单位税额×50%

新购置应税品应纳税额=(年应纳税额/12)×应纳税月份数

◆ 保险机构代收代缴车船税和滞纳金的计算

为了做好机动车车船税代收代缴工作,中国保险监督管理委员会下发了《关于修改机动车交通事故责任强制保险保单的通知》(保监产险[2007]501 号),在机动车交通事故责任强制保险(以下简称“交强险”)保

单中增加了与车船税有关的数据项目，对有关涉税问题明确如下。

1. 特殊情况下车船税应纳税款的计算

（1）购买短期“交强险”的车辆

对于境外机动车临时入境、机动车临时上道路行驶、机动车距规定的报废期限不足1年而购买短期“交强险”的车辆，保单中“当年应缴”项目的计算公式为：

当年应缴＝计税单位×应纳税月份数÷12×年单位税额

其中，应纳税月份数为“交强险”有效期起始日期的当月至截止日期当月的月份数。

（2）已向税务机关缴税的车辆或税务机关已批准减免税的车辆

对于已向税务机关缴税或税务机关已经批准免税的车辆，保单中“当年应缴”项目应为0；对于税务机关已批准减税的机动车，保单中“当年应缴”项目应根据减税前的应纳税额扣除依据减税证明中注明的减税幅度计算的减税额确定，计算公式为：

减税车辆应纳税额＝减税前应纳税额×（1－减税幅度）

2. 欠缴车船税的车辆补缴税款的计算

从2008年7月1日起，保险机构在代收代缴车船税时，应根据纳税人提供的前次保险单，查验纳税人以前年度的完税情况。对于以前年度有欠缴车船税的，保险机构应代收代缴以前年度应纳税款。

（1）对于2007年1月1日前购置的车辆纳税人从购置时起一直未缴纳车船税的，保单中“往年补缴”项目的计算公式为：

往年补缴＝2007年1月1日前按车船使用税或车船使用牌照税计算欠缴的税款＋2007年1月1日后按车船税税额标准计算欠缴的税款

（2）对于2007年1月1日以后购置的车辆，纳税人从购置时起一直未缴纳车船税的，保单中“往年补缴”项目的计算公式为：

往年补缴＝购置当年欠缴的税款＋购置年度以后欠缴税款

其中，购置当年欠缴的税款＝计税单位×年单位税额÷12×应纳税月份数。应纳税月份数为车辆登记日期的当月起至该年度终了的月份数。若车辆尚未到车船管理部门登记，则应纳税月份数为购置日期的当月起至该年度终了的月份数。购置年度以后欠缴税款＝计税单位×年单位税额×（本次缴税年度－车辆登记年度－1）

3. 滞纳金计算

对于纳税人在应购买“交强险”截止日期以后购买“交强险”的，或以前年度没有缴纳车船税的，保险机构在代收代缴税款的同时，还应代收代缴欠缴税款的滞纳金。

保单中“滞纳金”项目为各年度欠税应加收滞纳金之和。

每一年度欠税应加收的滞纳金＝欠税金额×滞纳天数×0.5‰。滞纳天数的计算自应购买“交强险”截止日期的次日起到纳税人购买“交强险”当日止。纳税人连续两年以上欠缴车船税的，应分别计算每一年度欠税应加收的滞纳金。

相关知识

◆ 车船税的税收优惠

1．社会性优惠

(1) 非机动车船(不包括非机动驳船)，免征车船税

非机动车是指以人力或者畜力驱动的车辆，以及符合国家有关标准的残疾人机动轮椅车、电动自行车等车辆；非机动船是指自身没有动力装置，依靠外力驱动的船舶；非机动驳船是指在船舶管理部门登记为驳船的非机动船。

(2) 农业用拖拉机和渔业用船舶，免征车船税

拖拉机是指在农业(农业机械)部门登记为拖拉机的车辆。

渔业用船舶是指在渔业船舶管理部门登记为捕捞船或者养殖船的渔业船舶。

(3) 城市、农村公共交通车船定期减税、免税

省、自治区、直辖市人民政府可以根据当地实际情况，对城市、农村公共交通车船给予定期减税、免税。可以享受车船税减税、免税优惠政策的城市、农村公共交通车船，是指依法取得运营资格，执行物价部门规定的票价标准，按照规定时间、线路和站点运营，供公众乘用并承担部分社会公益性服务或执行政府指令性任务的车船。

2．政治性优惠

(1) 军队、武警专用的车船，免征车船税

军队、武警专用的车船，是指按照规定在军队、武警车船管理部门登记并领取军用牌照、武警牌照的车船。

(2) 警用车船，免征车船税

警用车船是指公安机关、国家安全机关、监狱、劳动教养管理机关和人民法院、人民检察院领取警用牌照的车辆和执行警务的专用船舶。

3．管理性优惠

按照有关规定已经缴纳船舶吨税的船舶，免征车船税。

4. 外交税收豁免

外交使领馆、驻华国际组织及其人员使用的车船,免征车船税。

外交使领馆、驻华国际组织及其人员使用的车船免税,是指依照《中华人民共和国外交特权与豁免条例》、《中华人民共和国领事特权与豁免条例》和我国缔结或者参加的国际条约的规定应当予以免税的外国驻华使馆、领事馆和国际组织驻华机构及其有关人员的车船。

实例详解

【例 4-1】 对下列车船是否应当征收车船税?

(1) 客货两用汽车;(2) 拖船;(3) 车辆自重尾数在 0.5 吨以下(含 0.5吨)的;(4) 船舶净吨位尾数在 0.5 吨以下(含 0.5 吨)的。

【分析】

(1) 客货两用汽车,按照载货汽车的计税单位(自重吨数)和规定的税额标准征收车船税。

(2) 拖船,按照发动机功率每 2 马力折合净吨位 1 吨计算征收车船税。

(3) 车辆,自重尾数在 0.5 吨以下(含 0.5 吨)的,征收车船税时按照 0.5 吨计算;超过 0.5 吨的,按照 1 吨计算。

(4) 船舶,净吨位尾数在 0.5 吨以下(含 0.5 吨)的征收车船税时不予计算,超过 0.5 吨的征收车船税时按照 1 吨计算。

【例 4-2】 某交通运输企业拥有 5 吨载重汽车 20 辆,4 吨挂车 10 辆,假定该企业所在地载货汽车年税额 20 元/吨。试计算该企业当年应纳车船税。

【分析】 应纳税额$=20\times5\times20+20\times4\times10=2\,800$(元)

【例 4-3】 某航运公司 2010 年拥有净吨位为 200 吨的机动船 5 艘、净吨位为 100 吨的非机动船 3 艘,假定机动船和非机动船年税额分别为每净吨位 5 元和 4 元。试计算该公司 2010 年应纳车船税。

【分析】 应纳税额$=200\times5\times5+100\times4\times3=6\,200$(元)

【例 4-4】 某运输公司 2009 年拥有载货汽车 12 辆,货车自重全部为 5 吨;大型客车 15 辆;小型客车 20 辆。当地规定的车船使用税年税额为:载货汽车每吨 50 元;大型客车每辆 480 元,小型客车每辆 360 元。计算该公司 2009 年应纳车船使用税。

【分析】 应纳车船税 $12\times5\times50+15\times480+20\times360=17\,400$(元)

【例 4-5】 某企业 2009 年拥有轿车 5 辆(其中 1 辆的发动机汽缸总

排气量等于1升，其他4辆的发动机汽缸总排气量均大于1升)，18座面包车3辆，25座大客车1辆，自重为9.8吨的载货汽车8辆，自重为5.2吨的载货汽车3辆，2009年3月新购入1辆9座面包车，新车的登记日期为2009年3月20日。另外，该企业还拥有两条运输船舶，净吨位分别为200吨和2 000吨。计算该企业2009年应缴纳车船税。

【分析】

(1) 轿车应纳车船税＝4×480＋1×360＝2 280(元)

(2) 18座面包车应纳车船税＝3×540＝1 620(元)

(3) 25座大客车应纳车船税＝1×600＝600(元)

(4) 9.8吨载货汽车应纳车船税＝10×96×8＝7 680(元)

(5) 5.2吨载货汽车应纳车船税＝5.5×96×3＝1 584(元)

(6) 新购9座面包车应纳车船税＝480×10/12＝400(元)

(7) 200吨船舶应纳车船税＝200×3＝600(元)

(8) 2000吨船舶应纳车船税＝2 000×4＝8 000(元)

(9) 该企业2009年应纳车船税＝2 280＋1 620＋600＋7 680＋1 584＋400＋600＋8 000＝22 764(元)

【例4-6】 某小型运输公司拥有并使用以下车辆：

(1) 农业机械部门登记的拖拉机5辆，自重吨位为2吨；

(2) 自重5吨的载货卡车10辆；

(3) 自重吨位为4吨的汽车挂车5辆。当地政府规定，载货汽车的车辆税额为60元/吨。计算该公司当年应纳车船税？

【分析】

(1) 在农业(农业机械)部门登记为拖拉机的车辆，免征车船税。

(2) 卡车应纳税额＝5×60×10＝3 000(元)

(3) 汽车挂车没有优惠的规定，应纳税额＝4×60×5＝1 200(元)

该运输公司应纳车船税＝3 000＋1 200＝4 200(元)

【例4-7】 下列车船是否应当缴纳车船税及应如何缴纳车船税？

(1) 不在车辆登记地购买保险的车船；(2) 所有权或管理权发生变更的车船；(3) 未在车辆管理部门登记的属于应减免税的新购置车辆。

【分析】

(1) 在一个纳税年度内，纳税人在非车辆登记地由保险机构代收代缴机动车车船税，且能够提供合法有效完税证明的，纳税人不再向车辆登记地的地方税务机关缴纳机动车车船税。

(2) 在一个纳税年度内，已经缴纳车船税的车船变更所有权或管理权的，地方税务机关对原车船所有人或管理人不予办理退税手续，对现车船所有人或管理人也不再征收当年度的税款；未缴纳车船税的车船变更所有权或管理权的，由现车船所有人或管理人缴纳该纳税年度的车船税。

(3) 对尚未在车辆管理部门办理登记、属于应减免税的新购置车辆，车辆所有人或管理人可提出减免税申请，并提供机构或个人身份证明文件和车辆权属证明文件以及地方税务机关要求的其他相关资料，经税务机关审验符合车船税减免条件的，税务机关可为纳税人出具该纳税年度的减免税证明，以方便纳税人购买机动车交通事故责任强制保险；新购置应予减免税的车辆所有人或管理人在购买机动车交通事故责任强制保险时已缴纳车船税的，在办理车辆登记手续后可向税务机关提出减免税申请，经税务机关审验符合车船税减免税条件的，税务机关应退还纳税人多缴的税款。

实战训练

一、单项选择题

1.《车船税税目税额表》中的载客汽车，划分为大型客车、中型客车、小型客车和微型客车四个子税目。其中，大型客车是指核定载客人数大于或者等于(　　)人的载客汽车。

A. 10　　　　B. 30

C. 20　　　　D. 40

2. 刘某是一辆 5 吨载货汽车的所有人，他与于某签订了为期一年的租赁合同，该车当年由于某使用，但合同对当年的车船税由谁缴纳未予以明确。车船税的纳税人应为(　　)。

A. 刘某

B. 于某

C. 于某代为刘某缴纳

D. 税务局机关指定刘某和于某中的一个

3. 关于车船税计税依据中的说法正确的是(　　)。

A. 载人汽车以辆为计税依据

B. 载货汽车以总吨位为计税依据

C. 非机动船以净吨位为计税依据

D. 载货汽车以自重吨位为计税依据

4. 三轮汽车低速货车税额幅度为按自重每吨每年税额(　　)。

A. 60～660元　　B. 16～120元

C. 24～120元　　D. 3～6元

5. 辽宁省某交通运输公司拥有大型客车10辆，当年应纳车船税税额是(　　)。

A. 6 000元　　B. 5 400元

C. 4 800元　　D. 3 000元

二、多项选择题

1. 下列车船免征车船税的是(　　)。

A. 军队、武警专用的车船

B. 警用车船

C. 按照有关规定已经缴纳船舶吨税的船舶

D. 机动车辆

2. 关于对应税车辆车船税税目和税额的相关规定正确的有(　　)。

A. 微型客车是车长小于等于5.5米的客车

B. 微型客车是发动机汽缸总排气量小于等于1升的汽车

C. 半挂牵引车、挂车按照载货汽车税额标准征税

D. 半挂牵引车、挂车按照低速载货汽车税额标准征税

3. 下列哪些可办理批量免税手续(　　)。

A. 警用车辆　　B. 政府机关车辆

C. 公交车辆　　D. 军队、武警专用车辆

4. 购置新车船，当年的车船税应纳税额计算方法是(　　)。

A. 购置的新车船，购置当年的应纳税额自纳税义务发生的当月起按月计算

B. 购置的新车船，购置当年的应纳税额自纳税义务发生的次月起按月计算

C. 计算公式为：应纳税额=(年应纳税额/12)×应纳税月份数

D. 计算公式为：应纳税额=(年应纳税额/6)×应纳税月份数

5. 下列哪些车船不免征车船税？(　　)

A. 按照有关规定已经缴纳船舶吨税的船舶

B. 工商行政管理部门用车

C. 机关行政部门用车

D. 税务部门用车

三、判断题

1. 省、自治区、计划单列市人民政府可以根据当地实际情况，对城

市、农村公共交通车船给予定期减税、免税。（　　）

2. 现行税法规定，新购置的车辆如果暂不使用，可不申报缴纳车船税。（　　）

3. 客货两用汽车按照载货汽车的计税单位和税额标准计征车船税。（　　）

4. 企业内部行驶的车辆，也不上公路行驶的，可免征车船税。（　　）

5. 车船所有人或者管理人未缴纳车船税的，使用人应当代为缴纳车船税。（　　）

四、计算题

1. 大连市某建设单位拥有平地机 5 辆，自重吨位 20 吨；推土机 5 辆，自重吨位 20 吨；挖掘机 4 辆，自重吨位 15 吨；铲车 10 辆，自重吨位 16 吨。该单位到某财产保险股份有限公司大连分公司购买“交强险”。该保险公司在销售“交强险”的同时代收代缴了车船税 30 720 元。问：该保险公司代收代缴的车船税是否正确？该保险公司应代收代缴的车船税是多少？

2. 小王拥有载货汽车 10 辆，每辆自重吨位为 24 吨；拖拉机 5 辆，每辆自重吨位为 8 吨；三轮农用运输车 1 辆，自重吨位为 7 吨。小王于 9 月 15 日到某财产保险股份公司辽宁分公司购买“交强险”。该保险公司对载货汽车代收代缴了 23 040 元车船税、对三轮农用运输车代收代缴了 588 元车船税、对拖拉机代收代缴了 3 360 元车船税。问：该保险公司代收代缴小王的车船费是否妥当？不妥当的依据是什么？

4.4　车船税的申报缴纳及账务处理

要　点

车船税按年申报缴纳，具体申报纳税期限由省级人民政府确定。企业缴纳的车船税，应通过“应交税费——应交车船税”科目进行核算。

解　释

◆ 车船税纳税义务发生时间

车船税的纳税义务发生时间，为车船管理部门核发车船登记证书或者行驶证书的当月。纳税人未按照规定到车船管理部门办理应税车船登记手续的，以车船购置发票所载开具时间的当月作为车船税的纳税义务发生时间。对未办理车船登记手续且无法提供车船购置发票的，由主管地方税务机关核定纳税义务发生时间。

◆ 车船税的纳税期限

车船税按年申报缴纳。纳税年度，自公历1月1日起至12月31日止。具体申报纳税期限由省级人民政府确定。

◆ 车船税的纳税地点

车船税由地方税务机关负责征收。纳税地点，由省级人民政府根据当地实际情况确定。跨省、自治区、直辖市使用的车船，纳税地点为车船的登记地。

◆ 车船税的缴纳方法

1. 由经营机动车交通事故强制保险的保险机构代收代缴

由经营机动车交通事故强制保险的保险机构代收代缴的方法，就是由纳税人在购买机动车交通事故责任强制保险时缴纳。保险机构代收代缴机动车车船税，应向纳税人开具含有完税信息的保险单，作为纳税人缴纳车船税的证明。纳税人需要另外再开具完税凭证的，保险机构应告知纳税人凭“交强险”保单到保险机构所在地的地方税务机关开具。保险机构应按照本地区代收代缴管理办法规定的期限和方式，及时向保险机构所在地的地方税务机关办理申报、结报手续，并按照地方税务机关的要求如实报送代收代缴车船税的有关情况。

保险机构代收代缴车船税的手续费，由税款解缴地的地方财政、税务部门按照保险机构代收代缴车船税的实际收入予以审核、支付，具体支付标准暂按5%。

2. 由纳税人自行缴纳

由纳税人自行缴纳的方法，就是纳税人根据税务机关规定的时间，自己到税务机关缴纳车船税。纳税人在购买机动车交通事故责任强制保险时缴纳车船税的，不再向地方税务机关申报纳税。

车船税由地方税务机关负责征收。车船税按年申报缴纳，具体申报纳税期限由省、自治区、直辖市人民政府确定。

在一个纳税年度内，已完税的车船被盗抢、报废、灭失的，纳税人可以凭有关管理机关出具的证明和完税证明，向纳税所在地的主管地方税务机关申请退还自被盗抢、报废、灭失月份起至该纳税年度终了期间的税款。已办理退税的被盗抢车船，失而复得的，纳税人应当从公安机关出具相关证明的当月起计算缴纳车船税。

◆ **车船税的纳税申报表的填写**

车船税每年共有两个征期，分别是1月和7月。

在1月征期中，纳税单位根据本单位全年拥有纳、免税车辆的情况填报申报表，如表4-2所示，同时填写统一税收缴款书进行申报纳税。

在初始申报中核定全年一次缴纳税款的纳税单位，1月征期将全年应纳的税款全部缴齐。在初始申报中核定全年税款分两次缴纳的纳税单位，1月征期缴纳全年应纳税款的一半，另一半在7月征期缴纳。

表4-2 车船税纳税申报表

纳税人识别号 □□□□□□□□□□□□□□□□□□□□

纳税人名称：（公章）

税款所属期限：自　　年　月　日至　　年　月　日

填表日期：　　年　月　日　　　　　　　　　　金额单位：元

车船类别		计税单位	税额标准	数量	吨位	本期应纳税额	本期已缴税额	本期应补（退）税额
载客汽车	乘坐人数大于或等于20人	每　辆						
	乘坐人数大于9人小于20人	每　辆						
	乘坐人数小于或等于9人	每　辆						
	发动机汽缸总排气量小于等于1升	每　辆						
载货汽车（包括半挂牵引车、挂车）		按自重每吨						
三轮汽车		按自重每吨						
低速货车		按自重每吨						
摩托车		每辆						
专项作业车		按自重每吨						
轮式专用机械车		按自重每吨						
小　计								

（续 表）

车船类别		计税单位	税额标准	数量	吨位	本期应纳税额	本期已缴税额	本期应补（退）税额
船舶	净吨位小于或等于200吨	每 吨						
	净吨位201吨至2000吨	每 吨						
	净吨位2001吨至10000吨	每 吨						
	净吨位10001吨及其以上	每 吨						
	小 计							
合 计								

<table>
<tr><td rowspan="7">纳税人或代理人声明：
此纳税申报表是根据国家税收法律的规定填报的，我确信它是真实的、可靠的、完整的。</td><td colspan="6">如纳税人填报，由纳税人填写以下各栏</td></tr>
<tr><td>经办人（签章）</td><td></td><td>会计主管（签章）</td><td></td><td>法定代表人（签章）</td><td></td></tr>
<tr><td colspan="6">如委托代理人填报，由代理人填写以下各栏</td></tr>
<tr><td>代理人名称</td><td colspan="3"></td><td colspan="2" rowspan="3">代理人（公章）</td></tr>
<tr><td>经办人（签章）</td><td colspan="3"></td></tr>
<tr><td>联系电话</td><td colspan="3"></td></tr>
<tr></tr>
<tr><td colspan="7">以下由税务机关填写</td></tr>
<tr><td>受理人</td><td></td><td>受理日期</td><td></td><td colspan="2">受理税务机关（签章）</td><td></td></tr>
</table>

◆ 车船税的账务处理

1. 会计科目的设置

为了核算车船税的应交及已交等情况，应设置“应交税费——应交车船税”科目，贷方登记按规定计算应交纳的车船税，借方登记已交纳的车船税，期末贷方余额为尚未缴纳的车船税。

2. 具体的账务处理

企业按规定计算出应交纳的车船税时，借记“管理费用——车船税”科目，贷记“应交税费——应交车船税”科目。企业在缴纳税款时，借记“应交税费——应交车船税”科目，贷记“银行存款”科目。

相关知识

◆ 车船税的征收管理办法

（1）车船税由地方税务机关负责征收。

（2）在一个纳税年度内，已完税的车船被盗抢、报废、灭失的，纳税人可以凭有关管理机关出具的证明和完税证明，向纳税所在地的主管地方税务机关申请退还自被盗抢、报废、灭失月份起至该纳税年度终了期间的税款。

(3) 已办理退税的被盗抢车船，失而复得的，纳税人应当从公安机关出具相关证明的当月起计算缴纳车船税。

(4) 各级车船管理部门应当在提供车船管理信息等方面，协助地方税务机关加强对车船税的征收管理。

(5) 纳税人应当向主管地方税务机关和扣缴义务人提供车船的相关信息。拒绝提供的，按照《中华人民共和国税收征收管理法》有关规定处理。

(6) 车船税的征收管理，依照《中华人民共和国税收征收管理法》及本条例的规定执行。

(7) 车船税的纳税地点，由省、自治区、直辖市人民政府根据当地实际情况确定。

跨省、自治区、直辖市使用的车船，纳税地点为车船的登记地。

(8) 车船税的纳税义务发生时间，为车船管理部门核发的车船登记证书或者行驶证书所记载日期的当月。

(9) 纳税人未按照规定到车船管理部门办理应税车船登记手续的，以车船购置发票所载开具时间的当月作为车船税的纳税义务发生时间。对未办理车船登记手续且无法提供车船购置发票的，由主管地方税务机关核定纳税义务发生时间。

(10) 车船税按年申报缴纳。具体申报纳税期限由省、自治区、直辖市人民政府确定。

(11) 车船的所有人或者管理人未缴纳车船税的，使用人应当代为缴纳车船税。

(12) 从事机动车交通事故责任强制保险业务的保险机构为机动车车船税的扣缴义务人，应当依法代收代缴车船税。

税务机关付给扣缴义务人代收代缴手续费的标准由国务院财政部门、税务主管部门制定。

(13) 由扣缴义务人代收代缴机动车车船税的，纳税人应当在购买机动车交通事故责任强制保险的同时缴纳车船税。

(14) 纳税人在购买机动车交通事故责任强制保险时缴纳车船税的，不再向地方税务机关申报纳税。

(15) 机动车车船税的扣缴义务人依法代收代缴车船税时，纳税人不得拒绝。

(16) 纳税人对扣缴义务人代收代缴税款有异议的，可以向纳税所在地的主管地方税务机关提出。

实例详解

【例 4-8】 某运输公司 2009 年拥有载货汽车 12 辆，货车自重全部为 5 吨；大型客车 15 辆；小型客车 20 辆。当地规定的车船使用税年税额为：载货汽车每吨 50 元；大型客车每辆 480 元，小型客车每辆 360 元。如何做该运输公司的会计处理。

【分析】 应纳车船税＝12×5×50＋15×480＋20×360＝17 400（元）

计提车船税时的会计处理为：

借：管理费用　　17 400

　　贷：应交税费——应交车船税　　17 400

实际缴纳车船税时的会计处理为：

借：应交税费——应交车船税　　17 400

　　贷：银行存款　　17 400

【例 4-9】 某私营企业拥有小轿车 2 辆，客货两用车 2 辆，需缴纳的车船税为 285 元。该企业所在省规定车船税每年分两次缴纳：上半年 1 月份缴纳，下半年 7 月份缴纳。

【分析】 (1) 企业按规定计提半年税款时：

借：管理费用——应交车船税　　142.5

　　贷：应交税费——应交车船使用税　　142.5

(2) 上缴税款时：

借：应交税费——应交车船税　　142.5

　　贷：银行存款　　142.5

【例 4-10】 恒盛汽车运输公司 2009 年 1 月有货车 20 辆，其中：自重 10 吨货车 11 辆，自重 20 吨货车 5 辆，自重 5 吨挂车 4 辆；载客汽车 45 辆，其中：大型客车 10 辆，中型客车 10 辆，小型客车 20 辆，乘人小轿车 5 辆。当地政府规定，载货汽车按自重吨位每吨年单位税额为 100 元；大型客车每辆 500 元，中型客车每辆 450 元，小型客车每辆 400 元，乘人小轿车每辆 300 元。按规定，机动车挂车按机动载货汽车的 7 折征收车船税。2 月份企业又购进小型面包车 15 辆，小轿车 5 辆，并于 3 月份获得行驶证书。当地人民政府规定按季缴纳车船税，试计算 1～3 月该企业应纳车船税税额并进行会计处理。

【分析】 企业年初计算应纳税额：

(1) 载货汽车年应纳税额：

年应纳税额＝10×11×100＋20×5×100＋5×4×0.7×100＝21 280(元)

(2) 载客汽车应纳税额：

年应纳税额＝10×500＋10×450＋20×400＋5×300＝19 000(元)

(3) 全年应纳税额：

全年应纳税额＝21 280＋19 000＝40 280(元)

(4) 1、2 月份应纳税额及会计处理：

① 1、2 月每月应纳税额为：

应纳税额：40 280÷12＝3 357(元)

② 1、2 月份月末企业应编制如下会计分录：

借：管理费用　　3 357

　　贷：应交税费——应交车船税　　3 357

(5) 3 月份应纳税额及会计处理：

① 企业于 2 月份新购进的车辆，于 3 月份获得行驶证书，因此应从 3 月份开始计算缴纳车船税。新购进车辆全年应纳车船税：

年应纳税额＝15×400＋5×300＝7 500(元)

每月应纳税额：7 500÷12＝625(元)

3 月应纳税额＝3 357＋625＝3 982(元)

② 3 月末应编制如下会计分录：

借：管理费用　　3 982

　　贷：应交税费——应交车船税　　3 982

(6) 企业本季度末缴纳车船税税款时：

本季度应缴纳车船税额＝3 357＋3 357＋3 982＝10 696(元)

借：应交税费——应交车船税　　10 696

　　贷：银行存款　　10 696

实战训练

一、单项选择题

1. 下列哪项不是车船税的纳税地点？(　　)

A. 纳税人投保交强险的，在投保交强险所在地的保险机构

B. 纳税人不投保交强险的，在纳税人所在地的主管地方税务机关

C. 跨省、自治区、直辖市使用的车船，纳税地点为车船的登记地

D. 车辆的经营地

2. 关于车船税纳税义务发生时间的论述正确的是(　　)。

A. 未按照规定办理应税车船登记手续的，以车船购置发票所载开具时间的当月作为车船税的纳税义务发生时间

B. 未按照规定办理应税车船登记手续的，以车船购置发票所载开具时间的次月作为车船税的纳税义务发生时间

C. 对未办理车船登记手续且无法提供车船购置发票的，由主管地方税务机关核定纳税义务发生时间

D. 对未办理车船登记手续且无法提供车船购置发票的，由保险机关核定纳税义务发生时间

3. 纳税人与保险机构就代收代缴车船税税款发生争议的，保障自己的权益的途径是(　　)。

A. 纳税人可以向保险机构所在地的地方税务机关反映，地方税务机关将及时处理

B. 纳税人可以通过税务行政复议的方式维护自己的权益，但必须是已按照税务机关决定的征税方式和应纳税额缴纳了车船税

C. 纳税人可以通过税务行政诉讼的方式维护自己的权益

D. 纳税人可以请求中介机构

4. 车船税的纳税地点，由(　　)根据当地实际情况确定。

A. 省、自治区、计划单列市人民政府

B. 省、自治区、直辖市国家税务局

C. 省、自治区、直辖市人民政府

D. 省、自治区、直辖市地方税务局

5. 投保交强险的车辆，在(　　)所在地的保险机构缴纳车船税。

A. 投保交强险　　B. 车籍

C. 营运地　　D. 纳税人

二、多项选择题

1. 由保险机构代收代缴机动车车船税的理由是(　　)。

A. 纳税人多为个人，征管难度较大

B. 机动车的车船税具有涉及面广、税源流动性强的特点

C. 纳税人直接到税务机关缴纳税款又存在道路不熟悉、停车困难、花费时间长等种种不便

D. 可以提高税源控管水平和节约征纳双方的成本

2. 车船税按年申报缴纳，具体申报纳税期限由(　　)人民政府确定。

A. 省　　B. 自治区

C. 计划单列市　　D. 直辖市

3. 车船税的纳税地点为(　　)。

A. 纳税人投保交强险的，在投保交强险所在地的保险机构

B. 纳税人不投保交强险的，在纳税人所在地的主管地方税务机关

C. 领取牌照所在地

D. 车辆的经营地

4. 下列哪些情况下可以申请车船税退税？(　　)

A. 退税的前提是在一个纳税年度内发生的

B. 已完税的车船

C. 被盗抢、报废、灭失的车船

D. 向纳税所在地的主管地方税务机关申请退还

三、判断题

1. 车船税的纳税义务发生时间，为车船管理部门核发车船登记证书或者行驶证书的次月。(　　)

2. 跨省、自治区、直辖市使用的车船，纳税地点为车船的登记地。(　　)

3. 车船税的纳税义务发生时间，为车船管理部门核发的车船登记证书或者行驶证书所记载日期的当月。(　　)

4. 纳税人可以不向主管地方税务机关和扣缴义务人提供车船的相关信息。(　　)

5. 如果个人的车船有很长时期将不再使用时，可以上报交通航运管理机关，以获得免税优惠。(　　)

四、计算题

远大海洋运输公司2009年1月拥有机动船35艘，其中，净吨位400吨机动船10艘，1 000吨机动船5艘，5 000吨机动船5艘，8 000吨机动船5艘，12 000吨机动船5艘，20 000吨机动船5艘。计算该公司全年应纳车船税税额、每月应纳税税额并做会计记录。

4.5 车船税节税技巧

要 点

车船税可以通过利用税率临界点、税收优惠政策，根据自身经营状况

进行筹划。现举例说明车船税缴纳的纳税筹划方法。

解 释

◆ 购买合适船舶的节税技巧

我国税法规定，船舶按吨位计税，采用全额累进制。所以，吨位大，收益高的船只税负重，而吨位小、收益低的船只税负轻。在临界点上下，吨位数虽然相差仅1吨，但临界点两边的税额却有很大变化，这种情况下进行税收筹划十分必要。

◆ 购买合适车辆的节税技巧

我国税法规定，机动车挂车按机动载货汽车税额的七折计算缴纳车船使用税。所以，企业在购进车辆时，是购买挂车，还是购买新车，值得权衡。

◆ 车辆停用及时上报节税技巧

我国的车船税是一种行为税性质的税种，它仅就使用的车船征税，不使用的车船是不用缴纳车船使用税的。根据车船使用税的有关规定，已向交通航运管理机关上报全年停运或者报废的车船，当年不发生车船使用税的纳税义务，不用缴纳车船使用税。但是停用后又重新使用的车船，从重新使用的当月起，发生车船使用税的纳税义务。因而如果企业和个人的车船有很长时期将不再使用时，最好上报交通航运管理机关，以获得免税优惠，如果企业和个人不上报这些机关，即使该车船几十年不使用，也应该每年照常缴纳车船使用税。新购置的车辆如果暂不使用，即尚未享受到市政建设利益，可以不向税务机关申报纳税。但要使用时，应依照车船使用税的有关规定办理。在某些特殊情况下，在恰当的时候开始使用已购置新车辆可以省去部分税款。

◆ 利用适用税率节税技巧

税法中规定，如果一批东西适用不同税率，或有的应征税而有的却免税，而纳税人不能准确划分，就会以全部数额课以较高的税额。因此，对纳税人来说，这时最好的筹划方法就是将不同税目税率及免税项目清楚地区分开，以便最大限度地节省税款。我国车船使用税有关法规规定，企业办学校、医院、托儿所、幼儿园自用的车船，如果能够准确核算，明确划分清楚是完全自用的，可以享受免税待遇；划分不清的，应照章纳税。根据财税地[1986]8号文件《财政部税务总局关于车船使用税若干具体问题的解释和暂行规定》第三条规定，企业内部行驶的车辆，不领取行驶执照，也不上公路行驶的，可免征车船使用税。根据同一文件第十三条规定，免税单位与纳税单位合并办公，所有车辆，能划分者分别征免车船使用税，不能划分者，应一律照章征收车船使用税。

◆ **利用税收优惠节税技巧**

我国税法中规定了一些车船可以免征车船使用税，如果企业或个人的车船能够以这种免税车船的形式出现，无疑可以节省不少税款。当然许多企业和个人用车船并非生来便具备享受优惠政策的条件，这就需要企业为自己创造条件，来达到利用优惠政策合理避税的目的，这种方式即为我们经常所说的挂靠。根据《车船税条例》第三条规定，国家机关、人民团体、军队自用的车船，由国家财政部门拨付事业经费的单位自用的车船；各种消防车船、洒水车、囚车、警车、防疫车、救护车船、垃圾车船、港作车船、工程船等可以享用免税优惠，如果企业或个人的车船以恰当的方式出现，便可以节省这笔税款。

实例详解

【例 4-11】 假定有两只船，甲船的净吨位是 1 500 吨，适用税率为 2.20 元/吨，乙船的净吨位是 1 510 吨，适用税率为 3.20 元/吨。计算两只船每年应纳车船适用税额。

【分析】 甲船应纳税额＝1 500×2.20＝3 300(元)

乙船应纳税额＝1 510×3.20＝4 832(元)

乙船比甲船吨位只增加 10 吨，但适用更高一级税率，导致每年税负增加 1 532 元。所以，企业在购进船舶时，应充分考虑税负，在兼顾经济效益的情况下，应尽量适用低一级的税率。

【例 4-12】 某民营企业自己创办一所学校，该企业共有 8 辆 3 吨的载货汽车，4 辆乘人汽车(每车可载 25 人)，其中有 2 辆载货汽车经常在学校里使用，3 辆载人汽车也基本用于学校师生组织各项活动。如何进行节税筹划？

【分析】 如果不能划分清楚，则该企业应纳车船使用税税额为(当地政府规定上述规格的载货汽车每净吨位 60 元，乘人汽车每辆 320 元)：

应纳税额＝8×3×60＋4×320＝2 720(元)。

如果能够准确划分，则该企业每年应纳车船使用税税额为：

应纳税额＝6×3×60＋1×320＝1 400(元)

可以节省税款 1 320 元。

实战训练

一、单项选择题

1. 下列哪种方法不能为企业节约车船税？(　　)

A. 购买吨位大、收益高的船只

B. 车辆停用及时上报管理机关

C. 清楚划分车辆的使用范围

D. 企业在购进车辆时需权衡是购买挂车还是购买新车

2. 下列哪项不可以免征车船税？(　　)

A. 企业自办学校

B. 医院

C. 托儿所、幼儿园自用的车船

D. 企业内部并上公路行驶的车辆

3. (　　)按照载货汽车的计税单位和税额标准计征车船税。

A. 载货汽车挂车　　B. 客货两用

C. 专用作业车　　D. 客用

二、多项选择题

1. 企业可以选择下列哪种方法进行节税筹划？(　　)

A. 利用清楚划分筹划法进行节税筹划

B. 利用税收优惠进行节税筹划

C. 购买合适的车辆进行节税筹划

D. 停用及时上报筹划法进行节税筹划

2. 下列哪些车船免征车船税？(　　)

A. 非机动车船(不包括非机动驳船)

B. 拖拉机

C. 捕捞、养殖渔船

D. 军队、武警专用车船

3. 下列哪些车船不免征车船税？(　　)

A. 按照有关规定已经缴纳船舶吨税的船舶

B. 工商行政管理部门用车

C. 机关行政部门用车

D. 税务部门用车

三、判断题

1. 我国税法规定，船舶按吨位计税，采用全额累进制。所以，吨位大、收益高的船只税负重，而吨位小、收益低的船只税负轻。(　　)

2. 我国税法规定，机动车挂车按机动载货汽车税额的八折计算缴纳车船使用税。（　　）

3. 根据车船使用税的有关规定，已向交通航运管理机关上报全年停运或者报废的车船，当年不发生车船使用税的纳税义务，不用缴纳车船使用税。（　　）

4. 企业内部行驶的车辆，领取了行驶执照，但不上公路行驶的，可免征车船使用税。（　　）

5. 国家机关、人民团体、军队自用的车船，由国家财政部门拨付事业经费的单位自用的车船等可以享用免税优惠。（　　）

四、计算题

某公司自己创办一所幼儿园，该企业共有 10 辆 3 吨的载货汽车，4 辆乘人汽车（每车可载 25 人），其中有 4 辆载货汽车经常在幼儿园里使用，3 辆载人汽车也基本用于幼儿园内师生组织各项活动。如何进行节税筹划？

第5章

车辆购置税

5.1 车辆购置税概述

要 点

车辆购置税是以在中国境内购置规定车辆为课税对象、在特定的环节向车辆购置者征收的一种税，它由车辆购置附加费演变而来。现行的车辆购置税依据是 2000 年 10 月 22 日国务院颁布并于 2001 年 1 月 1 日起实施的《中华人民共和国车辆购置税暂行条例》。

解 释

◆ **车辆购置税的特点**

车辆购置税除具有税收的共同特点外，还有其自身独立的特点：

1. 征收范围单一

作为财产税的车辆购置税，是以购置的特定车辆为课税对象，而不是对所有的财产或消费财产征税，范围窄，是一种特种财产税。

2. 征收环节单一

车辆购置税实行一次课征制，它不是在生产、经营和消费的每一环节实行道道征收，而只是在退出流通进入消费领域的特定环节征收。

3. 税率单一

车辆购置税只确定一个统一比例税率征收，税率具有不随课税对象数额变动的特点，计征简便、负担稳定，有利于依法治税。

4. 征收方法单一

车辆购置税根据纳税人购置应税车辆的计税价格实行从价计征，以价格为计税标准，课税与价值直接发生关系，价值高者多征税，价值低者少征税。

5. 征税具有特定目的

车辆购置税具有专门用途，由中央财政根据国家交通建设投资计划，统筹安排。这种特定目的的税收，可以保证国家财政支出的需要，既有利于统筹合理地安排资金，又有利于保证特定事业和建设支出的需要。

6. 价外征收，税负不发生转嫁

车辆购置税的计税依据中不包含车辆购置税税额，车辆购置税税额是附加在价格之外的，且纳税人即为负税人，税负不发生转嫁。

◆ 车辆购置税的开征意义

1. 有利于合理筹集建设资金

国家通过开征车辆购置税参与国民收入的再分配，可以更好地将一部分消费基金转化为财政资金，为国家筹集更多的资金，以满足国家行使职能的需要。

(1) 车辆购置税是在消费环节征税，具有经常性的特点，只要纳税人发生了购置、使用应税车辆的行为就要纳税，这就比对所得课税和商品课税具有及时性。

(2) 车辆购置税按统一比例税率课征，具有相对的稳定性。

(3) 车辆购置税是依法征收的，具有强制性和固定性，因而其收入是可靠的。因此，车辆购置税更有利于依法合理地筹集交通基础设施建设和维护资金，保证资金专款专用，从而促进交通基础设施建设事业的健康发展。

2. 有利于规范政府行为

社会主义市场经济需要有健全的宏观经济调控体系. 以保证其快速协调发展和健康运行。

(1) 由于税与费之间的本质区别，以费改税，开征车辆购置税，有利于理顺税费关系，进一步完善财税制度，实现税制结构的不断优化。

(2) "费改税"改革，不但能规范政府行为，遏制乱收费，同时对正确处理税费关系、深化和完善财税体制改革也能起到积极作用。

3. 有利于调节收入差距

车辆购置税在消费环节对消费应税车辆的使用者征收，能更好地体现两条原则：

(1) 兼顾公平的原则。兼顾公平的原则就是要保护合法收入，取缔非法收入，整顿不合理收入，调节过高收入。因此，开征车辆购置税可以对过高的消费支出进行调节。

(2) 纳税能力原则。即高收入者多负税，低收入者少负税，具有较高消费能力的人比一般消费能力的人要多负税。

4. 有利于配合打击走私和维护国家权益

(1) 车辆购置税对同一课税对象的应税车辆不论来源渠道如何，都按同一比例税率征收，具有同一应税车辆税负相同的特性，因此，它可以平衡进口车辆与国产车辆的税收负担，体现国民待遇原则。

(2) 车辆购置税在车辆上牌使用时征收，具有源泉控制的特点，它可以配合有关部门在打击走私、惩治犯罪等方面起到积极的作用。

(3) 对进口自用的应税车辆以含关税、消费税的组成计税价格为计税依据，对进口应税车辆征收较高的税收，以限制其进口，有利于保护国内汽车工业的发展。

◆ 车辆购置税的改革方向

加强车辆购置税征收的对策与发展方向：

1. 多方合力，齐抓共管，控制源头，管住发票，加强车辆购置税征管

(1) 加强与地税、公安车管部门、交通、工商、地方政府等部门的联系，建立与公安车管部门共享的信息比对网络，实行定期信息交换制度，一者确保每一辆上牌车都缴纳车辆购置税，再者避免凭假完税证明上牌的发生；加强与工商部门的联系，对一些制假窝点(假完税证明、假发票)加大查处曝光力度，让他们想为而不敢为，营造一个公平公正的纳税环境。加强与街道、村委的联系，发挥基层群众组织的宣传和管理作用，向广大购车人宣传车辆购置税征收政策、依据、标准、范围、减免依据、办税流程，让纳税人熟悉车辆购置税，并形成一个买车须缴纳车辆购置税的共识。

(2) 按照“以票控税、信息共享、协同管理”即“一条龙”管理办法，车购税征收部门做好异常发票采集和信息补录工作，及时准确将低于最低计税价格发票传递给信息中心；信息中心根据异常发票信息做好清分工作；税源管理部门做好异常发票比对和检查工作，加大对机动车经销企业的税收管理力度，加强纳税评估和日常检查，特别是对《发票价格异常清单》的审核分析比对，检查纳税人有无虚开发票隐瞒销售额的行为、有无化整为零一车多票行为、有无使用假发票行为，发现异常转稽查部门；对管理部门移交的案件，稽查部门要克服麻痹轻视的观念，要重视取证办案，对查证属实的虚开发票偷逃增值税和侵蚀车购税税基的行为，稽查局应加大对经销企业的处罚力度，罚一儆百，增加威慑力；各部门各司其职，做好机动车销售发票源头管理。

2. 尽快出台实地验车管理办法

应尽快出台实地验车办法，以指导基层验车的规范性和严肃性，建议

对申报车辆进行有选择的验车，在征税中如对每辆征税车辆都进行验车，车购税征税效率将大大下降。建议对同一型号有多种配置，但纳税人申报不是最高配置的车辆，必须现场验车；同时对纳税人申报计税价格明显偏低车辆和客车及进口车辆除验车外，还应要求纳税人提供购车合同原件及详细配置单，防止以普通销售发票开具价外费用或改装费等逃缴车购税。

3. 重新界定农用三轮车免税标准

统筹城乡发展，推进社会主义新农村建设，解决好农业、农村、农民问题，事关全面建设小康社会大局，是我国现阶段工作的重中之重。目前，我国农村综合改革逐步深化，农业税、牧业税、特产税全部取消，支农惠农政策不断加强。而对农用三轮车的减免不符合国家支农惠农的根本原则，国家应对符合国家强制性标准的农用三轮车均免征车辆购置税，保证该项政策的真正落实，进而实现促进农业生产发展，切实减轻农民负担的目的。

4. 简化办税程序，提高服务效率

(1) 创新思路、简化办税程序。由于新系统更加精细，前台人员录入工作增加很大。在目前条件下，应借鉴一些省、市的成功经验，利用车辆合格证上的二维条码扫描替代手工输入车辆申报信息，充分利用车辆合格证上的资源，经扫描转换、导入车型、发动机号码、车辆识别代码等信息，以减轻审核人员工作量(陕西西安国税局开发的车购税电子申报系统后原来办理车辆申报需5～8分钟，目前只需1分钟)。同时还应考虑到机动车销售统一发票进入税控后，将在发票“税控码”区打印税控码，由于机动车销售统一发票包含了车购税申报所需要绝大多数信息，建议增加扫描税控码获得车购税申报信息的功能，实现与合格证扫描数据之间的比对，提高办税效率和准确度。

(2) 充实征管人员，加大业务培训。目前，各地车辆购置税属地征收以来，各县区车辆购置税申报工作基本都是由办税服务大厅申报人员负责办理，除办理车辆购置税外，还负责申报纳税等一系列涉税事宜，由于业务量加大，征收力量明显不足。建议对车购税征收人员进行分期培训，做到征收人员对软件运行流程有进一步的了解，体现高效、便民的国税形象。

5. 改革现行的“一车一档”制度

“一车一档”沿用的是以前“附加费”的制度，交通部门具有管理车辆的职责，而国税部门并没有这类职责，只要能依法管理车购税就行了。车主不论是过户、转籍、变更，凡在车管部门办一道档案手续，就要在国税部门办一道，给纳税人造成了折返办事的麻烦，给纳税人员的征收工作带来了巨大的负担。重新设计车购税完税证明，建立车购税证明电子档案，要过户、转籍、变更的，直接在完税证明上和电子档案上备案，国税部门只负责保管完税证明就足够了，为车购税融入大征管创造有利条件。

相关知识

◆ 车辆购置税的历史沿革及存在的问题

2000 年 10 月 22 日，国务院颁布《中华人民共和国车辆购置税暂行条例》，规定从 2001 年 1 月 1 日起开始向有关车辆征收车辆购置税，原有的车辆购置附加费取消。至此，由交通管理部门征收 15 年的车辆购置附加费被国税部门的车辆购置税所取代，其间经历了从“费”(2001 年前车辆购置附加费)到“税”(2001 年后车辆购置税)、从车辆生产厂和海关征收到交通部门代征(2005 年以前)到最后的国税部门直接征收(2005 年以后)的过程。

附加费改为车购税后，“税”比“费”具有更加规范的特征，清费立税，不仅增加了征收费用的严肃性、透明度，而且税款收归国库，还大大避免了坐支挪用的可能，保证了税款专款专用。进一步理顺政府分配关系，提高财政收入占 GDP 的比重，增强政府宏观调控能力。

征管中存在的问题有以下几个方面内容。

1. 税务部门缺乏有效的管理措施和手段

目前车辆购置税实行一车一申报制度，纳税人购得机动车辆后，一次性到税务机关办理车辆购置税申报纳税。虽然机动车主到交警部门办理车牌手续，需要车辆购置税的完税凭证，但如果交警部门的把关不严，税款就有流失的可能。而税务部门只能依赖于交警部门和纳税人主动纳税，无权上路检查，车购税的管理，只能停留在“守株待兔”的状态上，缺乏有效的管理措施和手段。

2. 应税车辆逃税现象严重

根据《车辆购置税暂行条例》的规定，购置不需要办理车辆登记注册手续的应税车辆，应当向纳税人所在地的主管税务机关申报纳税。但事实上，在厂区、矿区、施工工地等从事内部作业的车辆，由于不需要去办理车辆登记注册手续，往往不去申报缴纳车购税；乡镇和农村车主购买的农用车和摩托车，由于行驶在乡村小路，车主买车以后根本就不需要上牌照，也就不去申报缴纳车购税。

3. 实地验车难度较大

根据《车辆购置税征收管理办法》规定，主管税务机关在为纳税人办理纳税申报手续时，应实地验车。实地验车是检验应税车辆的实际配置与申报配置是否一致，是确认最低征计税价格一个不可缺少的环节，基层征收单位在执行这项规定时，除了需要配备具有专业性知识的技术鉴定工作人员外，还必须具备一定规模的验车场地和验车设备条件。实地验车不仅涉及税务机关增加征税成本修建扩建验车场地的问题，最重要的是要考虑到车辆和人员安全，周边道路交通是否畅通，是否扰民等社会安定问题。

4. 车辆购置税沿袭征费时期的征收管理体制，职责不清

车辆购置税征收部门在划归税务机关后，仍延续着独立征收单一税种的封闭管理模式，还履行部分原交通职责，不仅忽视了与其他各税的衔接和管理监督，也没有履行税务的征管稽查等职能。主要体现在以下两个方面。

(1) 车辆购置税征收部门目前执行的完税车辆发生产权过户、车辆数据变更、车辆转籍的调档和审核工作，实际就是延续了原交通管理部门职责。因为当完税车辆发生过户、转籍、数据变更行为时，征纳双方都已经完成了职责和义务，所以没有必要再要求纳税人重新申报核实，税务机关没有必要再耗费财力重复履行职能。

(2) 车辆购置税至今还沿袭征费时期的征收管理体制，有关政策文件和文书报表除了更名外，并没有完全依照税收基本原理进行调整，使其中一些环节无法履行税务职责，脱离了税收征管轨道。

实战训练

一、单项选择题

1. 2000年10月22日，国务院颁布《中华人民共和国车辆购置税暂行条例》，规定从(　　)起开始向有关车辆征收车辆购置税。

A. 2001年1月1日　　B. 2000年12月1日

C. 2001年5月1日　　D. 2001年10月1日

2. 下列哪项不是车辆购置税的特点？(　　)

A. 税率单一　　B. 税负不发生转嫁

C. 属于财产转移税　　D. 征税具有特定目的

3. 关于车辆购置税的说法不正确的是(　　)。

A. 车辆购置税有利于依法合理地筹集交通基础设施建设和维护资金，保证资金专款专用，从而促进交通基础设施建设事业的健康

发展

B. 开征车辆购置税，有利于理顺税费关系，进一步完善财税制度，实现税制结构的不断优化

C. 高收入者多负税，低收入者少负税，具有较高消费能力的人比一般消费能力的人要多负税

D. 对进口自用的应税车辆以含关税、消费税的组成计税价格为计税依据，对进口应税车辆征收较低的税收，不限制其进口

4. 根据我国现行车辆购置税的性质和规定，下列说法中，正确的是（　　）。

A. 车辆购置税就其性质而言，属于间接税

B. 车辆购置税的税负具有转嫁性

C. 车辆购置税的征收环节单一

D. 车辆购置税针对国产与进口车辆实行不同的税率

二、多项选择题

1. 车辆购置税的特点有（　　）。

A. 征收范围多种　　B. 征收环节单一

C. 征税具有特定目的　　D. 价外征收，税负不发生转嫁

2. 开征车辆购置税的意义是（　　）。

A. 有利于合理筹集建设资金

B. 有利于规范政府行为

C. 有利于调节收入差距

D. 有利于配合打击走私和维护国家权益

3. 下列关于车辆购置税的说法正确的是（　　）。

A. 车辆购置税实行一次课征制，它不是在生产、经营和消费的每一环节实行道道征收，而只是在退出流通进入消费领域的特定环节征收

B. 车辆购置税在车辆上牌使用时征收，具有源泉控制的特点，它可以配合有关部门在打击走私、惩治犯罪等方面起到积极的作用

C. 车辆购置税根据纳税人购置应税车辆的计税价格实行从价计征，以价格为计税标准，课税与价值直接发生关系，价值高者多征税，价值低者少征税

D. 车辆购置税兼有凭证税和行为税性质

三、判断题

1. 车辆购置税是以在中国境内购置规定车辆为课税对象、在特定的

环节向车辆购置者征收的一种税。(　　)

2. 车辆购置税按统一比例税率课征,具有相对的稳定性。(　　)

3. 车辆购置税对同一课税对象的应税车辆根据来源渠道不同,采用不同比例税率征收。(　　)

4. 车辆购置税的征收不带有强制性。(　　)

5. 主管税务机关在为纳税人办理纳税申报手续时,应实地验车。(　　)

四、问答题

1. 什么是车辆购置税?该税种的特点是什么?

2. 我国开征车辆购置税的意义是什么?

5.2　车辆购置税的征收对象及纳税人

要　点

车辆购置税的征收对象为汽车、摩托车、电车、挂车、农用运输车等应税车辆。纳税人是在中华人民共和国境内购置应税车辆的单位和个人。

解　释

◆ 车辆购置税的征收对象

车辆购置税以列举的车辆作为征税对象,未列举的车辆不纳税。其征税范围包括汽车、摩托车、电车、挂车、农用运输车,具体规定如下。

1. 汽车

指各类汽车。

2. 摩托车

(1) 轻便摩托车:最高设计时速不大于50 km/h,发动机汽缸总排量不大于50 cm^3 的两个或者三个车轮的机动车。

(2) 二轮摩托车:最高设计车速大于50 km/h,或发动机汽缸总排量大于50 cm^3 的两个车轮的机动车。

(3) 三轮摩托车:最高设计车速大于50 km/h,或发动机汽缸总排量大于50 cm^3、空车质量不大于400 kg的三个车轮的机动车。

3. 电车

(1) 无轨电车:以电能为动力,由专用输电电缆线供电的轮式公共车辆。

(2) 有轨电车：以电能为动力，在轨道上行驶的公共车辆。

4. 挂车

(1) 全挂车：无动力设备，独立承载，由牵引车牵引行驶的车辆。

(2) 半挂车：无动力设备，与牵引车共同承载，由牵引车牵引行驶的车辆。

5. 农用运输车

(1) 三轮农用运输车：发动机为柴油，功率不大于7.4 kW，载重量不大于500 kg，最高车速不大于40 km/h的三个车轮的机动车。

(2) 四轮农用运输车：发动机为柴油，功率不大于28 kW，载重量不大于1 500 kg，最高车速不大于50 km/h的四个车轮的机动车。

◆ 车辆购置税的纳税人

车辆购置税的纳税人是在中华人民共和国境内购置应税车辆的单位和个人。这里的单位包括国有企业、集体企业、私营企业、股份制企业、外商投资企业、外国企业以及其他企业和事业单位、社会团体、国家机关、部队以及其他单位。这里的个人是指个体工商户及其他个人，包括中华人民共和国公民和外国公民。

实例详解

【例 5-1】 下列各项是否应当征收车辆购置税?

(1) 动力装置和拖斗连接成整体，且以该整体进行车辆登记注册的各种变形拖拉机等农用车辆;(2) 动力装置和拖斗不是连接成整体，且动力装置和拖斗是分别进行车辆登记注册的。

【分析】

(1) 对于动力装置和拖斗连接成整体，且以该整体车辆登记注册的各种变形拖拉机农用车辆，按照“农用运输车”征收车辆购置税。

(2) 对于动力装置和拖斗不是连接成整体，且动力装置和拖斗是分别进行车辆登记注册的，只对拖斗部分按“挂车”征收车辆购置税，动力部分不征税。

实战训练

一、单项选择题

1. 根据《车辆购置税暂行条例》的规定，下列人员中不属于车辆购置税纳税义务人的是(　　)。

A. 应税车辆的馈赠人　　B. 应税车辆的购买使用者

C. 免税车辆的受赠使用者　　D. 应税车辆的进口使用者

2. 车辆购置税的应税车辆不包括(　　)。

A. 摩托车　　B. 电车

C. 挖掘机　　D. 汽车

二、多项选择题

1. 购置下列车辆,应当按照《车辆购置税暂行条例》规定缴纳车辆购置税的是(　　)。

A. 乘人汽车　　B. 载货汽车

C. 农用运输车　　D. 摩托车

2. 车辆购置税的应税车辆有(　　)。

A. 摩托车　　B. 电车

C. 农用运输车　　D. 汽车

3. 车辆购置税是在原交通部门收取的车辆购置附加费的基础上,通过费改税方式演变而来的,主要特点有(　　)。

A. 就其性质而富,属于直接税范畴

B. 实行在生产环节的二次课征制

C. 实行在消费环节的一次课征制

D. 价外征收,不转嫁税负

4. 按照车辆购置税暂行条例的规定,下列说法正确的有(　　)。

A. 应税车辆的购置地与应税行为的发生地一致

B. 应税车辆的购置地与应税行为的发生地不一致

C. 具有固定装置的非运输车辆免税

D. 已经办理了车辆登记注册手续的车辆,不得退还已缴纳的车辆购置税

三、判断题

1. 车辆购置税的纳税人是在中华人民共和国境内销售应税车辆的单位和个人。(　　)

2. 车辆购置税的征税范围包括汽车、摩托车、电车、挂车、农用运输车等。(　　)

3. 外国公民不会成为车辆购置税的纳税人。(　　)

4. 若所购置的应税车辆不需要办理登记注册手续,也可不办理纳税申报。(　　)

5. 李某接受馈赠并用于自用的小轿车,其应缴纳车辆购置税。

(　　)

四、问答题

1. 车辆购置税的征收对象包括哪些?

2. 车辆购置税的纳税人都包括哪些?

5.3 车辆购置税的计算

要 点

车辆购置税实行从价定率、价外征收的办法。计税依据是应税车辆的计税价格。本节主要介绍车辆购置税应纳税额的计算。

解 释

◆ **车辆购置税的税率**

车辆购置税实行比例税率,税率为10%。

为扩大内需,促进汽车产业发展,经国务院批准,对2009年1月20日至12月31日购置1.6升及以下排量乘用车,暂减按5%的税率征收车辆购置税。

◆ **车辆购置税的计税依据**

车辆购置税以应税车辆为课税对象,考虑到我国车辆市场供求的矛盾,价格差异变化,计量单位不规范以及征收车辆购置附加费的做法,实行从价定率、价外征收的方法计算应纳税额,应税车辆的价格即计税价格就成为车辆购置税的计税依据。但是,由于应税车辆购置的来源不同,应税行为的发生不同,计税价格的组成也就不一样。车辆购置税的计税依据有以下几种情况。

1. 按应税车辆全部价款确定的计税依据

(1) 购买自用车辆为纳税人支付给销售者的全部价款和价外费用,不包括增值税税款。所称价外费用,是指销售方价外向购买方收取的基金、集资费、返还利润、补贴、违约金(延期付款利息)和手续费、包装费、储存费、优质费、运输装卸费、保管费、代收款项、代垫款项以及其他各种性质的价外收费。如果纳税人购置的应税车辆价格中含有增值税税款,应将其还原为不含增值税税款的价格。计算公式为:

不含增值税价格=(全部价款+价外费用)÷(1+增值税税率或征收

率）

（2）进口自用车辆为应税车辆的计税价格为关税完税价格加关税和消费税。关税完税价格是海关核定的关税计税价格。关税是海关根据关税完税价格和关税税率计算并征收的关税税额。消费税是由海关代征的进口环节消费税。

计税价格＝关税完税价格＋关税＋消费税

2. 按核定计税价格确定的计税依据

（1）自产、受赠、获奖或者以其他方式取得并自用的车辆，计税依据由车购办参照国家税务总局核定的应税车辆最低计税价格核定。

（2）购买自用或者进口自用车辆，纳税人申报的计税价格低于同类型应税车辆的最低计税价格，又无正当理由的，计税依据为最低计税价格。

最低计税价格是指国家税务总局依据车辆生产企业提供的车辆价格信息并参照市场平均交易价格核定的车辆购置税计税价格。

申报的计税价格低于同类型应税车辆的最低计税价格，又无正当理由的，是指纳税人申报的车辆计税价格低于出厂价格或进口自用车辆的计税价格。

3. 按特殊规定确定的计税依据

（1）底盘（车架）发生更换的车辆，计税依据为最新核发的同类型车辆最低计税价格的 70%。同类型车辆是指同国别、同排量、同车长、同吨位、配置近似等（下同）。

（2）免税条件消失的车辆，自初次办理纳税申报之日起，使用年限未满 10 年的，计税依据为最新核发的同类型车辆最低计税价格按满 1 年扣减 10%；未满 1 年的计税依据为最新核发的同类型车辆最低计税价格；超过 10 年的，计税依据为零。

（3）对于国家税务总局未核定最低计税价格的车辆，计税依据为已核定的同类型车辆最低计税价格。同类型车辆是指同国别、同排量、同车长、同吨位、配置近似等。

（4）进口旧车、因不可抗力因素导致受损的车辆、库存超过 3 年的车辆、行驶 8 万公里以上的试验车辆、国家税务总局规定的其他车辆，计税依据为纳税人提供的《机动车销售统一发票》或有效凭证注明的计税价格和有效证明。

（5）对于国家授权的执法部门没收的走私车辆、被司法机关和行政执法部门依法没收并拍卖的车辆，其库存（或使用）年限超过 3 年或行驶里程超过8万公里以上的，以纳税人提供的统一发票或有效证明注明的价格确定计税依据。

◆ 车辆购置税应纳税额的计算

车辆购置税实行从价定率的方法计算应纳税额，计算公式为：

应纳税额＝计税依据×税率

由于应税车辆的来源、应税行为的发生以及计税依据组成的不同，因而，车辆购置税应纳税额的计算方法也有区别。

1. 购买自用应税车辆应纳税额的计算

在应纳税额的计算当中，应注意以下费用的计税规定。

(1) 购买者随购买车辆支付的工具件和零部件价款应作为购车价款的一部分，并入计税依据中征收车辆购置税。

(2) 支付的车辆装饰费应作为价外费用并入计税依据中计税。

(3) 代收款项应区别征税。凡使用代收单位(受托方)票据收取的款项，应视作代收单位价外收费，购买者支付的价费款，应并入计税依据中一并征税；凡使用委托方票据收取，受托方只履行代收义务和收取代收手续费的款项，应按其他税收政策规定征税。

(4) 销售单位开给购买者的各种发票金额中包含增值税税款，因此，计算车辆购置税时，应换算为不含增值税的计税价格。

(5) 购买者支付的控购费，是政府部门的行政性收费，不属于销售者的价外费用范围，不应并入计税价格计税。

(6) 销售单位开展优质销售活动所开票收取的有关费用，应属于经营性收入，企业在代理过程中按规定支付给有关部门的费用，企业已作经营性支出列支核算，其收取的各项费用并在一张发票上难以划分的，应作为价外收入计算征税。

2. 进口自用应税车辆应纳税额的计算

纳税人进口自用的应税车辆应纳税额的计算公式为：

应纳税额＝(关税完税价格＋关税＋消费税)×税率

3. 其他自用应税车辆应纳税额的计算

纳税人自产自用、受赠使用、获奖使用和以其他方式取得并自用应税车辆的，凡不能取得该型车辆的购置价格，或者低于最低计税价格的，以国家税务总局核定的最低计税价格作为计税依据计算征收车辆购置税：

应纳税额＝最低计税价格×税率

4. 特殊情形下自用应税车辆应纳税额的计算

(1) 减税、免税条件消失车辆应纳税额的计算对减税、免税条件消失的车辆，纳税人应按现行规定，在办理车辆过户手续前或者办理变更车辆登记注册手续前向税务机关缴纳车辆购置税。

应纳税额＝同类型新车最低计税价格×[1－(已使用年限÷规定使用年限)]×100％×税率

(2) 未按规定纳税车辆应补税额的计算

纳税人未按规定纳税的，应按现行政策规定的计税价格，区分情况分别确定征税。不能提供购车发票和有关购车证明资料的，检查地税务机关应按同类型应税车辆的最低计税价格征税；如果纳税人回落籍地后提供的购车发票金额与支付的价外费用之和高于核定的最低计税价格的，落籍地主管税务机关还应对其差额计算补税。

应纳税额＝最低计税价格×税率

相关知识

◆ 车辆购置税的税收优惠

我国车辆购置税实行法定减免，减免税范围的具体规定如下。

(1) 外国驻华使馆、领事馆和国际组织驻华机构及其外交人员自用车辆免税。

(2) 中国人民解放军和中国人民武装警察部队列入军队武器装备订货计划的车辆免税。

(3) 设有固定装置的非运输车辆免税。

(4) 对纳税人自2009年1月20日至2009年12月31日期间购置的排气量在1.6升及以下的小排量乘用车，暂减按5％的税率征收车辆购置税。

经国务院批准，对2010年1月1日至12月31日购置1.6升及以下排量乘用车，暂减按7.5％的税率征收车辆购置税。

所称乘用车，是指在设计和技术特性上主要用于载运乘客及其随身行李和(或)临时物品、含驾驶员座位在内最多不超过9个座位的汽车。

① 国产轿车："中华人民共和国机动车整车出厂合格证"(以下简称合格证)中"车辆型号"项的车辆类型代号为"7"，"排量和功率(ml/kW)"项中排量不超过1 600 ml。

② 国产客车：合格证中"车辆型号"项的车辆类型代号为"6"，"排量和功率(ml/kW)"项中排量不超过1 600 ml，"额定载客(人)"项不超过

9人。

③ 国产越野汽车：合格证中"车辆型号"项的车辆类型代号为"2"，"排量和功率(ml/kW)"项中排量不超过1 600 ml，"额定载客(人)"项不超过9人，"额定载质量(kg)"项小于额定载客人数和65 kg的乘积。

④ 国产专用车：合格证中"车辆型号"项的车辆类型代号为"5"，"排量和功率(ml/kW)"项中排量不超过1 600 ml，"额定载客(人)"项不超过9人，"额定载质量(kg)"项小于额定载客人数和65 kg的乘积。

⑤ 进口乘用车，参照国产同类车型技术参数认定。

(5) 有国务院规定予以免税或者减税的其他情形的，按照规定免税或减税。

根据现行政策规定，上述"其他情形"的车辆，目前主要有以下几种：

① 防汛部门和森林消防部门用于指挥、检查、调度、报汛(警)、联络的设有固定装置的指定型号的车辆。

② 回国服务的在外留学人员(以下简称留学人员)购买的1辆自用小汽车。

③ 长期来华定居专家(以下简称来华专家)进口1辆自用小汽车。

④ 自2011年1月1日起对1.6升及以下排量乘用车统一征收10%的车辆购置税。

实例详解

【例5-2】 2009年5月，小王从某汽车公司购买一辆轿车供自己使用，支付含增值税的车价款135 000元。计算小王应纳的车辆购置税。

【分析】

(1) 计税价格＝135 000÷(1＋17%)＝115 384(元)

(2) 应纳税额＝115 384×10%＝11 538(元)

【例5-3】 2010年12月，某配货公司从国外进口了3辆A型号的小轿车用于本单位使用。公司报关进口这批小轿车时，经报关地口岸海关审定，确定其关税完税价格为人民币230 000元/辆，关税税率为25%，消费税税率为5%。计算该公司应纳的车辆购置税。

【分析】 (1) 组成计税价格＝关税完税价格＋关税＋消费税

关税完税价格＝230 000×3＝690 000(元)

关税＝230 000×3×25%＝172 500(元)

消费税＝[(230 000×3＋230 000×3×25%)÷(1－5%)]×5%＝45 394.74(元)

组成计税价格＝690 000＋172 500＋45 394.74＝907 894.74(元)

(2) 应纳税额＝组成计税价格×税率

＝907 894.74×10%

＝90 789.47(元)

【例 5-4】 赵明在某商场举办的有奖销售活动中，中奖一辆某品牌的小轿车，举办单位开具的销售发票上注明的金额为 82 300 元。王某申报纳税时，经主管税务机关审核，国家税务总局核定的该车型的最低计税价格为 90 000 元。计算赵明应缴纳的车辆购置税。

【分析】 应纳税额＝最低计税价格×税率＝90 000×10%＝9 000(元)

【例 5-5】 某厂因生产经营需要，将自产的一辆卡车领用，服务于销售环节。该厂在申报缴纳车辆购置税时出具的发票注明该车的购置价格(不含增值税)为 78 500 元，并按此金额向主管税务机关申报纳税。经税务机关审核报价属实。计算应纳的车辆购置税。

【分析】 应纳的车辆购置税＝78 500×10%＝7 850(元)

实战训练

一、单项选择题

1. 关于车辆购置税的计算，下列说法正确的是(　　)。

A. 进口自用的应税小汽车的计税价格包括关税完税价格和关税，不包括消费税基金

B. 底盘发生更换的车辆，计税依据为最新核发的同类型车辆最低计税价格

C. 销售汽车的纳税人代收的保险费，不应计入计税依据中征收车辆购置税

D. 进口自用的应税小汽车，其计税价格＝关税完税价格＋关税＋消费税

2. 某市的环保局有一已登记注册的桑塔纳车辆，其底盘发生更换，支付更换款 19 528 元，其最低计税价格按同类型新车最低计税价格的(　　)计算。

A. 80%　　　　B. 70%

C. 60%　　　　D. 55%

3. 车辆购置税实行单一比例税率，该税率是(　　)。

A. 5%　　　　B. 8%

C. 10%　　　　D. 12%

4. 某企业 2003 年 3 月向某汽车贸易公司购买一辆小轿车自用，支付的含税价款为 175 500 元，另外又支付手续费 100 元、运输费 500 元，其他费用 300 元。则该企业应纳车辆购置税税额为（　　）元。

A. 17 550　　B. 17 640

C. 15 000　　D. 15 076.92

5. 享受车辆购置税税收优惠的车辆包括（　　）。

A. 设有固定装置的指定型号的防汛用车

B. 回国服务的留学人员购买 1 辆个人自用国产小汽车

C. 留学人员购买 1 辆转卖他人的国产小汽车

D. 留学人员购买 1 辆自用进口小汽车

二、多项选择题

1. 按照现行车辆购置税的有关规定，对下列车辆按照应税车辆最低计税价格征收车辆购置税的有（　　）。

A. 进口旧车不能提供有效证明

B. 减税、免税条件消失的宝马小汽车

C. 受赠、获奖方式下取得已确认购置价格的家庭小汽车

D. 纳税人购买自用的小汽车

2. 关于车辆购置税应纳税额的计算，下列说法正确的有（　　）。

A. 进口自用的应税车辆，其计税价格由关税完税价格和关税组成

B. 汽车销售公司使用保险公司发票代收保险费并入计税价格计征车辆购置税

C. 汽车销售公司使用本公司发票代收款项并入计税价格计征车辆购置税

D. 进口自用的应税车辆，其计税价格由关税完税价格＋关税＋消费税组成

3. 按照现行车辆购置税的有关规定，下列说法正确的有（　　）。

A. 最低计税价格的核定权限属于国家税务总局

B. 所有非运输车辆实行法定免税

C. 底盘与发动机同时更换的应税车辆，按同类型新车最低计税价格计税

D. 购买自用的应税车辆的计税价格，不包括增值税

4. 按照现行政策规定，下列属于车辆购置税免税项目的有（　　）。

A. 外国驻华使馆、领事馆和国际组织驻华机构及其外交人员自用的车辆

B. 中国人民解放军和中国人民武装警察部队列入军队武器装备订货计划的车辆

C. 设有固定装置的非运输车辆

D. 防汛部门购置的由指定厂家生产的用于报汛的专用车辆

5. 车辆购置税的计税依据有（　　）。

A. 按应税车辆全部价款确定

B. 按核定计税价格确定

C. 按特殊规定确定

D. 受赠并自用的车辆，以应税车辆最高计税价格核定。

三、判断题

1. 2009 年 1 月 20 日至 12 月 31 日购置 1.6 升及以下排量乘用车，暂减按 6%的税率征收车辆购置税。（　　）

2. 购买自用车辆的车辆购置税应为纳税人支付给销售者的全部价款和价外费用，不包括增值税税款。（　　）

3. 购买者随购买车辆支付的工具件和零部件价款应作为购车价款的一部分，但不纳入计税依据中征收车辆购置税。（　　）

4. 外国驻华使馆、领事馆和国际组织驻华机构及其外交人员自用车辆免税。（　　）

5. 纳税人未按规定纳税的，应按现行政策规定的计税价格，区分情况分别确定征税。（　　）

四、计算题

1. 赵明于 2009 年 1 月从某 4S 店购买一辆小汽车供自己使用，支付了含增值税税款在内的款项 234 000 元，另支付代收临时牌照费 550 元、代收保险费 1 000 元，支付购买工具件和零配件价款 3 000 元，车辆装饰费 1 300 元。所支付的款项均由该汽车有限公司开具“机动车销售统一发票”和有关票据。请计算赵明应纳车辆购置税。

2. 某企业从美国进口客车 1 辆，海关根据相关资料核定的关税完税价格为 180 000 元/辆，关税 20 000 元/辆。计算该企业应纳的车辆购置税。

5.4 车辆购置税的申报与缴纳及账务处理

要　点

车辆购置税实行一次课征制。购置已征车辆购置税的车辆不再纳税。纳税人购置应税车辆，应向车辆登记注册地(即车辆的上牌落籍地)的主管税务机关申报纳税。车辆购置税实行一车一申报制度。

解 释

◆ 车辆购置税纳税义务发生的时间

车辆购置税的纳税环节为最终消费环节。纳税义务发生时间为车辆购置的当天。纳税人购买应税车辆的，纳税义务发生时间为购车发票上注明的销售日期；进口应税车辆的，纳税义务发生时间为车辆报关进口的当天；以其他方式取得应税车辆的，纳税义务发生时间为取得应税车辆的当天。

◆ 车辆购置税的纳税环节

车辆购置税的征税环节为使用环节，即最终消费环节。具体而言，纳税人应当在向公安机关等车辆管理机构办理车辆登记注册手续前，缴纳车辆购置税。

◆ 车辆购置税的纳税期限

纳税人购买自用的应税车辆，自购买之日起 60 日内申报纳税；进口自用的应税车辆，应当自进口之日起 60 日内申报纳税；自产、受赠、获奖和以其他方式取得并自用的应税车辆，应当自取得之日起 60 日内申报纳税。

这里的“购买之日”是指纳税人购车发票上注明的销售日期；“进口之日”是指纳税人报关进口的当天。

◆ 车辆购置税的纳税地点

纳税人购置应税车辆，应向车辆登记注册地(即车辆的上牌落籍地)的主管税务机关申报纳税。若车辆不需办理登记注册手续的，则应向纳税人所在地主管税务机关申报纳税。登记注册地具体指军队、武警的车辆的登记注册地为军队、武警车辆管理部门所在地；部分农用运输车辆的登记注册地为地、市或县农机车管部门所在地；摩托车的登记注册地为县(市)公安车管部门所在地；上述车辆以外的各种应税车辆的登记注册地为市或地、市以上公安车管部门所在地。

◆ 退税

已缴车辆购置税的车辆，由于以下原因，准予退税：

(1) 因质量原因,车辆被退回生产企业或者经销商的;

(2) 应当办理车辆登记注册,公安机关车辆管理机构不予办理的;

(3) 符合免税条件,但已缴纳税款的。

退税额的确定,按以下标准执行:

(1) 因质量原因需要退税的,应当自办理纳税申报之日起,按已缴税款每满 1 年扣减 10% 计算退税额,未满 1 年的,按已缴税款全额退税;

(2) 因公安机关不办理登记注册手续而需要退税的,退还已缴纳的全部税款;

(3) 因符合免税条件而需要退税的,退还已缴纳的全部税款。

◆ 车辆购置税的申报要求

车辆购置税实行一车一申报制度。

纳税人办理纳税申报时应如实填写《车辆购置税纳税申报表》(表 5-1),同时提供以下资料的原件和复印件,原件经车购办审核后退还纳税人,复印件和《机动车销售统一发票》的报税联由车购办留存。

(1) 车主身份证明

① 内地居民,提供内地"居民身份证"(含居住、暂住证明)或"居民户口簿"或军人(含武警)身份证明;

② 香港、澳门特别行政区居民,台湾地区居民及外国人,提供其入境的身份证明和居留证明;

③ 组织机构,提供"组织机构代码证书"。

(2) 车辆价格证明

① 境内购置车辆,提供"机动车销售统一发票"(发票联和报税联)或有效凭证;

② 进口自用车辆,提供"海关关税专用缴款书"、"海关代征消费税专用缴款书"或海关"征免税证明"、进口证明书。

(3) 车辆合格证明

① 国产车辆,提供整车出厂合格证明。

② 进口车辆,提供"中华人民共和国出入境检验检疫进口机动车辆随车检验单"。

(4) 发动机、车架号码(车辆识别码)拓印件

(5) 税务机关要求提供的其他资料

表 5-1 车辆购置税纳税申报表

填表日期： 年 月 日 行业代码： 注册类型代码：
纳税人名称： 金额单位：元

纳税人证件名称			证件号码		
联系电话		邮政编码		地 址	
车辆基本情况					
车辆类别	1. 汽车 2. 摩托车 3. 电车 4. 挂车 5. 农用运输车				
生产企业名称			机动车销售统一发票（或有效凭证）价格		
厂牌型号			关税完税价格		
发动机号码			关税		
车辆识别代号（车架号码）			消费税		
购置日期			免(减)税条件		

申报计税价格	计税价格	税 率	免税、减税额	应纳税额
1	2	3	4＝2×3	5＝1×3 或 2×3
		10%		

申报人声明	授权声明
此纳税申报表是根据《中华人民共和国车辆购置税暂行条例》的规定填报的，我相信它是真实的、可靠的、完整的。 声明人签字：	如果你已委托代理人申报，请填写以下资料： 为代理一切税务事宜，现授权（ ），地址（ ）为本纳税人的代理申报人，任何与本申报表有关的往来文件，都可寄予此人。 授权人签字：

纳税人签名或盖章	如委托代理人的，代理人应填写以下各栏		
	代理人名称		代理人(章)
	地 址		
	经办人		
	电 话		
接收人： 接收日期：		主管税务机关(章)：	

◆ 车辆购置税的账务处理

企业缴纳的车辆购置税应当作为所购置车辆的成本。由于车辆购置税是一次性缴纳，因此可以不通过“应交税费”账户进行核算。

企业购置（包括购买、进口、自产、受赠、获奖或者以其他方式取得并自用）应税车辆，按规定缴纳的车辆购置税，应计入所购车辆成本。在取得时，借记“固定资产”等科目，贷记“银行存款”科目（也可通过“应交税费”科目核算）。

企业购置的减税、免税车辆改制后用途发生变化的，按规定应补交的车辆购置税，借记“固定资产”科目，贷记“银行存款”科目。

相关知识

◆ 车辆购置税的缴税管理

1. 车辆购置税的缴税方法

车辆购置税税款缴纳方法主要有以下几种。

(1) 自报核缴

由纳税人自行计算应纳税额、自行填报纳税申报表有关资料，向主管税务机关申报，经税务机关审核后，开具完税证明，由纳税人持完税凭证向当地金库或金库经收处缴纳税款。

(2) 集中征收缴纳

① 由纳税人集中向税务机关统一申报纳税。它适用于实行集中购置应税车辆的单位缴纳和经批准实行代理制经销商的缴纳。

② 由税务机关集中报缴税款。即在纳税人向实行集中征收的主管税务机关申报缴纳税款，税务机关开具完税凭证后，由税务机关填写汇总缴款书，将税款集中缴入当地金库或金库经收处。它适用于税源分散、税额较少、税务部门实行集中征收管理的地区。

(3) 代征、代扣、代收

扣缴义务人按税法规定代扣代缴、代收代缴税款，税务机关委托征收单位代征税款的征收方式。它适用于税务机关委托征收或纳税人依法受托征收税款。

2. 车辆购置税的缴税管理

(1) 税款缴纳方式

纳税人在申报纳税时，税款的缴纳方式主要有现金支付、支票、信用卡和电子结算及委托银行代收、银行划转等方式。

(2) 完税凭证及使用要求

税务机关在征收车辆购置税时，应根据纳税人税款缴纳方式的不同，分别使用税收通用完税凭证、税收转账专用完税凭证和税收通用缴款书三种税票，即纳税人以现金方式向税务机关缴纳车辆购置税的，由主管税务机关开具《税收通用完税凭证》；纳税人以支票、信用卡和电子结算方式缴纳及税务机关委托银行代收税款的，由主管税务机关开具《税收转账专用完税证》；纳税人从其银行存款户直接划转税款的，由主管税务机关开具《税收通用缴款书》。

实例详解

【例 5-6】 某装修公司 2009 年 4 月从一家汽车销售公司购入自用小轿车一辆，该汽车销售公司开具“机动车销售统一发票”，载明含增税价款为 218 000 元；另代收临时牌照费 500 元、保险费 1 100 元；支付购车工具件和零配件 3 000 元，车辆装修费 1 000 元。相关票据均已取得。适用增值税率为 17%。计算应纳税额并做会计分录。

【分析】 计税依据(不含增值税)＝(全部价款＋价外费用)÷(1＋增值税税率或征收率)＝(218 000＋500＋1 100＋3 000＋1 000)÷(1＋17%)＝191 111(元)

应纳税额＝191 111×10%＝19 111(元)

借：固定资产　　19 111

　　贷：应交税费——应交车辆购置税　　19 111

借：应交税费——应交车辆购置税　　19 111

　　贷：银行存款　　19 111

【例 5-7】 某单位 2010 年 8 月接受捐赠一辆小轿车公司自用，公司取得的发票上注明的金额为 86 500 元。经主管税务机关审核，国家税务总局规定该车型的最低计税价格为 115 000 元。计算该公司应缴纳的车辆购置税并做相应的会计处理。

【分析】 应纳税额＝115 000×10%＝11 500(元)

该单位缴纳车辆购置税时的会计处理为

借：固定资产　　11 500

　　贷：银行存款　　11 500

实战训练

一、单项选择题

1. 关于车辆购置税的纳税地点，下列说法中正确的是(　　)。

A. 购置需要办理车辆登记注册手续的应税车辆，纳税地点是纳税人所在地

B. 购置需要办理车辆登记注册手续的应税车辆，应当向购买地主管税务机关申报纳税

C. 购置需要办理车辆登记注册手续的应税车辆，纳税地点是车辆上牌落籍地

D. 购置不需要办理车辆登记注册手续的应税车辆，应当向购买地主管税务机关申报纳税

2. 关于车辆购置税的退税标准，下列说法不正确的是(　　)。

A. 因质量原因需要退税的，应当自办理纳税申报之日起，按已缴税款每满1年扣减10%计算退税额

B. 因质量原因需要退税，从办理纳税申报之日起，未满1年的，按已缴税款的80%退税

C. 因公安机关不办理登记注册手续而需要退税的，退还已缴纳的全部税款

D. 因符合免税条件而需要退税的，退还已缴纳的全部税款

3. 下列说法正确的是(　　)。

A. 纳税人购买自用的应税车辆，自购买之日起60日内申报纳税

B. 纳税人购买自用的应税车辆，自购买之日起30日内申报纳税

C. 进口自用的应税车辆，应当自进口之日起30日内申报纳税

D. 自产、受赠、获奖和以其他方式取得并自用的应税车辆，应当自取得之日起30日内申报纳税

二、多项选择题

1. 关于车辆购置税的纳税地点，下列说法中正确的是(　　)。

A. 购置需要办理车辆登记注册手续的应税车辆，纳税地点是纳税人所在地

B. 购置需要办理车辆登记注册手续的应税车辆，应当向购买地主管税务机关申报纳税

C. 购置需要办理车辆登记注册手续的应税车辆，纳税地点是车辆上牌落籍地

D. 购置不需要办理登记注册手续的应税车辆，应当向纳税人所在地主管税务机关申报纳税

2. 下述关于车辆购置税的退税规定，正确的是(　　)。

A. 免税条件消失的车辆，自初次办理纳税申报之日起，使用年限未满15年的，计税依据为最新核发的同类型车辆最低计税价格按

每满 1 年扣减 10%

B. 公安机关车辆管理机构不予办理车辆登记注册的车辆，纳税人申请退税时，主管税务机关应退还全部已缴税款

C. 车辆购置税一次课征，购置已征车辆购置税的车辆，不再征收车辆购置税

D. 车辆购置税的价外费用和增值税的价外费用是不一致的

3. 下列说法正确的是(　　)。

A. 车辆购置税纳税义务发生时间为车辆购置的当天

B. 纳税人购买应税车辆的，纳税义务发生时间为购车发票上注明的销售日期

C. 进口应税车辆的，纳税义务发生时间为车辆报关进口的当天

D. 以其他方式取得应税车辆的，纳税义务发生时间为取得应税车辆的当天

4. 车辆购置税的缴纳方法包括(　　)。

A. 自报核缴　　B. 集中征收缴纳

C. 由销售单位自行缴纳　　D. 代征、代扣、代收

三、判断题

1. 纳税人应当在向公安机关等车辆管理机构办理车辆登记注册手续之后，缴纳车辆购置税。(　　)

2. 纳税人购买自用的应税车辆，自购买之日起 30 日内申报纳税。(　　)

3. 纳税人购置应税车辆，若车辆不需办理登记注册手续的，则应向纳税人所在地主管税务机关申报纳税。(　　)

4. 已缴车辆购置税的车辆，因质量原因，车辆被退回生产企业或者经销商的，准予退税。(　　)

5. 纳税人在申报纳税时，税款的缴纳方式主要有现金支付、支票、信用卡和电子结算及委托银行代收、银行划转等方式。(　　)

四、计算题

某公司 2010 年 2 月从一家汽车销售公司购入一辆小轿车自用，该汽车销售公司的发票上注明的金额为 185 000 元；另代收临时牌照费 500 元、保险费 1 100 元；支付购车工具和零配件 4 800 元，车辆装修费 2 100 元。相关票据均已取得。适用增值税率为 17%。计算该公司的应纳税额并编制会计分录。

5.5 车辆购置税的节税技巧

要 点

车辆购置税可分批计税价格,降低税收负担。同时应充分利用国家的税收政策节税,现举例说明车辆购置税缴纳的纳税筹划方法。

解 释

◆ **国产车节税技巧**

按税法规定,

(1) 代收款项应区别对待征税。凡使用代收单位的票据收取的款项,应视为代收单位的价外费用,应并入计算征收车辆购置税;凡使用委托方的票据收取,受托方只履行代收义务或收取手续费的款项,不应并入计征车辆购置税,按其他税收政策规定征税。

(2) 购买者随车购买的工具或零配件应作为购车款的一部分,并入计税价格征收车辆购置税;但如果不同时间或销售方不同,则不应并入计征车辆购置税。

(3) 支付的车辆装饰费,应作为价外费用,并入计征车辆购置税;但如果不同时间或收款单位不同,则不应并入计征车辆购置税。

◆ **进口车节税技巧**

按照税法规定,进口小轿车和进口零部件时,其适用的税率不同。利用这一点,我们可以采用整车和零部件分别报税,可以减少税负。

实例详解

【例 5-8】 小张于 2009 年 8 月 10 日,从大连市某汽车公司购买一辆丰田轿车供自己使用,支付车款 190 000 元(含增值税)。另外支付的各项费用有:临时牌照费用 200 元,购买工具用具 3 500 元,代收保险金 350 元,车辆装饰费 19 000 元。各款项由汽车销售公司开具发票。如何进行节税筹划?

【分析】 未进行纳税筹划时,应纳的车辆购置税为:

计税价格=(190 000+200+3 500+350+19 000)÷(1+17%)=182 094.02(元)

应纳车辆购置税税额＝182 094.02×10％＝18 209.40(元)

节税筹划分析：将各项费用分开由有关单位(企业)另行开具票据，使其不计车辆购置税。经过纳税筹划，各项费用另行开具票据，其应纳车辆购置税为

计税价格＝190 000÷(1＋17％)＝162 393.16(元)

应纳车辆购置税税额＝162 393.16×10％＝16 239.32(元)

相比少纳车辆购置税税额＝18 209.40－16 239.32＝1 970.08(元)

【例 5-9】 4 月初，某建筑公司从当地汽车贸易公司(增值税一般纳税人)购买了 3 辆轿车。这种轿车每辆价格为 27.3 万元(含增值税税额)。这家建筑公司按照汽车贸易公司开具的“机动车销售统一发票”金额支付价款 81.9 万元，其中车款 70 万元，增值税 11.9 万元。该汽车贸易公司在进行汽车销售时还提供“一条龙”服务，即代办新车登记、上牌、保险等业务，并根据客户的要求进行汽车美容、提供有关的工具与配件。这家建筑公司决定由汽车贸易公司代办一切事务，又向汽车贸易公司缴纳了汽车美容费、有关配件费等各类代办费共计 11 万元。如何进行节税筹划？

【分析】 按照《车辆购置税暂行条例》的规定，企业申报缴纳地车辆购置税的计税依据应当是购买汽车时向销售者支付的增值税之外的全部价款及价外费用，即不含税的车款以及支付的各种代办费、美容费之和。这家建筑公司应纳车辆购置税额＝(70＋11)×10％＝8.1(万元)。

实际上，这家建筑公司完全可以少花钱。该公司如果自己办理有关的办证、上牌等事项，并且在履行办证、上牌等手续之后再进行美容，再购置有关配件，就可以少缴车辆购置税。这家建筑公司如果按照上述步骤操作，应当缴纳的车辆购置税＝70×10％＝7(万元)。两相对比，该公司可以少缴纳税款 1.1 万元。

从目前的实际情况看，由于消费者在购置车辆时不了解相关的税收政策，往往让汽车销售者代办上牌等事项。有关的维修工具、配件等，也是在购置车辆时向汽车销售者购置。甚至很多的购车者在购置车辆时，还同时要求销售者提供装潢服务。

应当承认，消费者让汽车销售商代办有关事项，确实可以省去很多的麻烦，花费一定的“银子”是值得的。不过，消费者最好是在车辆上牌之后再购置维修工具，再进行汽车美容等，不要在购车时一次性搞定。

实战训练

一、判断题

1. 按照税法规定，进口小轿车和进口零部件时，其适用的税率不同。利用这一点，我们可以采用整车和零部件分别报税，可以减少税负。(　　)

2. 购买者随车购买工具或零配件时，不论时间和销售方是否相同，都应并入计征车辆购置税。(　　)

3. 购买国产车时支付的车辆装饰费，不应计征车辆购置税。(　　)

4. 代收款项时，凡使用委托方的票据收取，受托方只履行代收义务或收取手续费的款项，不应并入计征车辆购置税，按其他税收政策规定征税。(　　)

二、计算题

某进出口公司 2007 年 4 月 15 日从美国进口小轿车 2 部自用，报关进口时，海关审定的计税价为 450 000 元/辆(含随同报关的工具和零部件 50 000 元/辆)，小轿车关税税率为 25%，进口零部件的税率为 15%，小轿车消费税税率为 80%，增值税税率为 17%，车购税税率为 10%。请做节税筹划。

第6章

城市维护建设税

6.1 城市维护建设税概述

要 点

城市维护建设税是国家对缴纳增值税、消费税、营业税(简称“三税”)的单位和个人,以实际缴纳的“三税”税额为计税依据征收的一种税。现行城市维护建设税的基本规范,是1985年2月8日国务院发布并于同年度起实施的《中华人民共和国城市维护建设税暂行条例》。

解 释

◆ 城市维护建设税的特点

与其他税种相比,城市维护建设税具有以下特点。

1. 属于一种附加税

城市维护建设税不是以流转额、收益额、财产税额等计税,而是根据纳税人实际缴纳的增值税、营业税、消费税税额,按规定的比例计征的,形同增值税、消费税、营业税的附加税。它本身没有特定的征税对象,征管方法也完全比照“三税”的有关规定办理。

2. 属于一种特定目的税

城市维护建设税税款专款专用,具有受益税的性质,所筹资金专用于城市的公共事业、公共设施的维护和建设或发展教育事业。

3. 征收范围较广

鉴于增值税、消费税、营业税在我国现行税制中属于主体税种,而城市维护建设税又是其附加税,原则上讲,只要缴纳增值税、消费税、营业税的纳税人都要缴纳城市维护建设税,因而其征收范围基本上包括了我国境内所有有经营行为的单位和个人。

4. 采用地区差别比例税率

城市维护建设税的税率根据纳税人所在城镇的规模及资金需要设

计，这样的规定符合城市、县城和其他地区对城市维护和建设资金的不同需要。

◆ **开征城市维护建设税的目的**

城市维护建设税属于特定目的税，是国家为加强城市的维护建设，扩大和稳定城市维护建设的资金来源，而采取的一项税收措施，对于新兴城市的开发建设和老城市的维护改造，改变我国城镇市政设施陈旧落后的面貌，促进生产的发展，改善居民的生活环境，有着极其重要的作用。1979 年之前，中国的城市维护建设资金主要来源于工商税附加、城市公用事业附加和政府拨付的城市维护费，城市维护建设资金一直不足。1979 年，国家在部分大中城市，采用从工商企业按上年利润提取 5%用作城市维护建设资金的办法，但仍未从根本上解决城市维护建设资金不足的问题。1985 年，为从根本上解决城市维护建设资金不足的问题，开始征收城市维护建设税，将其收入用于城市公用事业和公共设施的维护和建设。

◆ **城市维护建设税的改革**

城市维护建设税存在的主要问题如下。

1. 收入稳定性差且规模小

城市维护建设税依据“三税”计税，受流转的制约太大，影响了地方收入。由于“三税”本身受企业的生产经营情况的影响较大，收入稳定性较差。因而以“三税”为计税依据的城市维护建设税不可避免地要受到影响。而且在拖欠流转税的情况下，城市维护建设税收入的稳定性也受到影响。正因如此，城市维护建设税收入增长低于“三税”增长速度，增长缓慢。另外，城市维护建设税收入规模太小，不能满足城乡维护和建设的资金需要，致使各地不得不另行征收名目的城市建设资金，这样不仅形成了税、费并存，多渠道征收城建资金的复杂情况，而且干扰了税收的正常秩序。

2. 现行城市维护建设税导致内外资企业税负不平

现行城市维护建设税只对内资企业征收，对同样缴纳“三税”的外商投资企业和外国企业暂不征收，致使境内的外资企业享用了市政设施而不负担城建税。这样，既不能体现城市维护建设税负担与受益基本一致的原则，导致内外资企业税负不平，而且使地方政府为引进外资投入的大量城建资金得不到补偿，影响了地方政府的积极性。

3. 计税依据不合理，导致受益与负担相脱节

现行城市维护建设税以实缴的“三税”税额为计税依据，随“三税”征、

减、免、退、罚而同步进行，造成一部分享受了市政设施的单位和个人，由于减免“三税”而不负担城市维护建设税。而且由于“三税”本身存在着税率差异，使得同等享用市政设施的企业，因经营商品、生产产品或行业的不同而承担高低不等的城市维护建设税税负。同时，现行城市维护建设税按行政区域不同分别确定 7%（市区）、5%（县、镇）、1%（其他地区）税率，但随着社会经济不断改革，城乡区域不断发生变化，有的地方区域又难于界定清楚，造成毗邻不同企业享受城建设施虽基本相同，但因适用不同税率，造成税负悬殊。

4. 征管难度大

城市维护建设税属于地方性税种，由地税部门征收管理，而作为城市维护建设税计征依据的增值税和消费税，由国税局负责征收。这样势必加大地税征管难度，增加税收成本。

改革的政策建议如下。

1. 调整城建税的纳税人范围

城市维护建设税的纳税人范围应包括所有享用城乡公用设施而又有税收负担的单位和个人。凡在中华人民共和国境内从事生产、经营活动并取得销售（营业）收入的单位和个人，包括外商投资企业和外国企业，除另有规定者外，都应是城市维护建设税的纳税义务人。实行普遍征收，更能体现受益负担相一致及公平税负的原则，特别是纳税人包括外商投资企业和外国企业，有利于税种的规范及内外税制的统一。

2. 重新确定计税依据

为了体现受益与负担相一致的原则，城市维护建设税由现行按流转税额附加征收改为以销售收入（营业收入）为计税依据，这样不但有利于公平税负，而且便于征纳双方简明操作，降低了征管成本，又筹集到了稳定的建设资金。

3. 改变“附征”性质，设置独立税种

要彻底解决受益与负担不一致、征管难的问题，就必须改变城建税的“附征”性质。因此，应彻底改变城市维护建设税依附“三税”数额计算，设定为有特定的、独立的征税对象的独立性税种，这对稳定、及时筹集城建资金，促进城市设施的完善和经济发展将发挥更大作用。

相关知识

◆ **城市维护建设税的产生及发展**

城市维护建设税是在改革原城市维护建设费的基础上建立起来的。

是1984年工商税制全面改革中设置的一个新税种。1985年2月8日国务院正式颁布了《中华人民共和国城市维护建设税暂行条例》(以下简称《城市维护建设税暂行条例》),并于同年度起在全国实施。此时的城市维护建设税,其计税依据是当时流转税的三个主要税种,即产品税、增值税和营业税的税款。1994年税制改革后,我国流转税改为增值税、营业税、消费税,城市维护建设税的计税依据也就相应改为这三项税的税额。

实战训练

一、单项选择题

1. 城市维护建设税按其性质和作用应归类为(　　)。

A. 财产和行为税类　　B. 流转税类

C. 资源税类　　D. 特定目的税类

2. 下列哪项不属于城市维护建设税的特点?(　　)

A. 地区差别比例税率　　B. 是一种特定目的税

C. 征收范围有限　　D. 属于一种附加税

二、多项选择题

1. 下列属于城市维护建设税的特点的是(　　)。

A. 税款专款专用　　B. 属于一种附加税

C. 征收范围较广　　D. 根据城镇规模设计税率

2. 城市维护建设税改革的政策建议包括(　　)。

A. 加强城市维护建设税的征管

B. 重新确定计税依据

C. 改变"附征"性质,设置独立税种

D. 调整城建税的纳税人范围

3. 我国目前城市维护建设税存在的问题有(　　)。

A. 收入稳定性差且规模小

B. 现行城建税导致内外资企业税负不平

C. 计税依据不合理,导致受益与负担相脱节

D. 征管难度大

三、判断题

1. 城市维护建设税是国家为了加强城市的维护建设,稳定和扩大城市维护建设资金的来源,对缴纳增值税、消费税、营业税及关税的单位和个人征收的一种税。(　　)

2. 城市维护建设税本身没有特定的征税对象,征管方法也完全比照

"三税"的有关规定办理。(　　)

3. 城市维护建设税的法律依据主要是1987年2月国务院颁布的《中华人民共和国城市维护建设税暂行条例》。(　　)

4. 城市维护建设税为有特定的、独立的征税对象的独立性税种。(　　)

5. 城市维护建设税所筹资金专用于城市的公共事业、公共设施的维护和建设或发展教育事业。(　　)

四、问答题

1. 什么是城市维护建设税？其特点是什么？

2. 我国开征城市维护建设税的目的有哪些？其相应的法律依据是什么？

6.2　城市维护建设税的征税范围及纳税人

要　点

城市维护建设税的征收范围包括城市、县城、建制镇、工矿区。城市维护建设税是一种附加税，没有独立的征税对象。纳税人是负有缴纳增值税、营业税、消费税义务的单位和个人。

解　释

◆ 城市维护建设税的征收范围

城市维护建设税的征收范围包括城市、县城、建制镇、工矿区。应根据行政区划作为划分标准。

◆ 城市维护建设税的纳税人

城市维护建设税是一种附加税，没有独立的征税对象。

城市维护建设税的纳税义务人是指负有缴纳增值税、营业税、消费税义务的单位和个人。这里的单位包括国有企业、集体企业、私营企业、股份制企业、其他企业和行政单位、事业单位、军事单位、社会团体及其他单位。这里的个人包括个体工商户和其他个人。自2010年12月1日起，外资企业适用国务院1985年发布的《中华人民共和国城市维护建设税暂行条例》和1986年发布的《征收教育费附加的暂行规定》，即对外资企业征收城市维护建设税和教育费附加，统一内外资企业城市维护建设税和教育费附加制度;1985 年及 1986 年以来国务院及国务院财税主管部门发布的有关城市维护建设税和教育费附加的法规、规章、政策适用于外资企业。

城市维护建设税在城市、县城、建制镇及税法规定征收“三税”的其他地区征收。城市、县城和建制镇的范围以行政区划为标准,不得随意扩大和缩小。

实战训练

一、单项选择题

1. 下列单位中,不属于城市维护建设税的纳税人的是(　　)。

A. 社会团体　　B. 私营企业

C. 外国企业　　D. 个体户

2. 下列情况应缴纳城市维护建设税的是(　　)。

A. 外贸单位进口货物

B. 外贸单位出口转内销货物

C. 内资企业销售免增值税货物

D. 旅行社代收的交通费

3. 个体商贩及个人在集市上出售商品,对其征收临时经营的增值税,是否同时按其实缴税额征收城市维护建设税,由(　　)根据实际情况确定。

A. 省级税务机关

B. 地市级税务机关

C. 各省、自治区、直辖市人民政府

D. 各省、自治区、直辖市人大常委会

二、多项选择题

1. 下列收入中,应依法征收城市维护建设税的是(　　)。

A. 管道运输取得的收入　　B. 接受的现金捐赠

C. 企业整体产权转让收入　　D. 商场销售彩电的收入

2. 下列收入中,不需要缴纳城市维护建设税的是(　　)。

A. 单位进行演出取得的　　B. 接受的实物捐赠

C. 寺庙的门票收入　　D. 个人著作权转让

3. 符合城市维护建设税征收管理有关规定的有(　　)。

A. 海关对进口产品代征的增值税、消费税,征收城市维护建设税

B. 海关对进口产品代征的增值税、消费税,不征收城市维护建设税

C. 出口产品退还增值税、消费税的，不退还已缴纳的城市维护建设税

D. 出口产品退还增值税、消费税的，按50%退还已缴纳的城市维护建设税

4. 下列不属于城市维护建设税征收范围的是(　　)。

A. 外商投资企业

B. 外国企业

C. 海关对进口货物代征的增值税、消费税

D. 缴纳营业税的运输企业

5. 下列经营者中，需要缴纳城市维护建设税的有(　　)。

A. 出租房屋的事业单位　　B. 购买商品房的城乡居民

C. 开采石油的油田　　D. 生产货物的中外合资企业

6. 下列情况中，不属于城市维护建设税征收范围的是(　　)。

A. 外商投资企业

B. 外国企业

C. 海关对进口代征的增值税、消费税

D. 缴纳营业税的交通运输企业

7. 城市维护建设税的纳税人包括在征税范围内从事工商经营，并缴纳增值税、消费税、营业税的(　　)。

A. 国有企业　　B. 个体工商户

C. 股份制企业　　D. 外商投资企业

三、判断题

1. 凡缴纳增值税、消费税、营业税的单位和个人，都是城市维护建设税的纳税人。(　　)

2. 城市维护建设税是一种附加税，有独立的征税对象。(　　)

3. 任何单位或个人，只要缴纳“三税”中的一种，就必须同时缴纳城市维护建设税。(　　)

4. 加工服装出口的中外合资企业不需要缴纳城市维护建设税。(　　)

5. 城市维护建设税缴纳的时间与“三税”的缴纳时间一致。(　　)

四、问答题

1. 城市维护建设税的征收范围有哪些？

2. 城市维护建设税的纳税人包括哪些？

6.3 城市维护建设税的计算

要点

城市维护建设税的计税依据是纳税人实际缴纳的“三税”税额，但不包括纳税人违反“三税”有关税法规定而加收的滞纳金和罚款。城市维护建设税应纳税额的计算公式为：

应纳税额＝计税依据×税率

＝企业实际缴纳的增值税、消费税、营业税之和×税率

解释

◆ **城市维护建设税的计税依据**

按照现行税法规定，城市维护建设税应以纳税人实际缴纳的“三税”为计税依据，与“三税”同时缴纳。在确定计税依据时，应注意下列情况。

（1）纳税人违反“三税”有关规定，被查补“三税”和被处以罚款时，也要对其偷漏的城建税进行补税和罚款。

（2）纳税人违反“三税”有关规定而加收的滞纳金和罚款，不作为城建税的计税依据。

（3）“三税”得到减征或免征优惠，城建税也要同时减免征收。

（4）出口产品退还增值税、消费税，不退还已缴纳的城建税；进口产品需征收增值税、消费税，但不征收城建税，即城建税进口不征，出口不退。

◆ **城市维护建设税的税率**

城市维护建设税的税率是指纳税人应缴纳的城市维护建设税税额与纳税人实际缴纳的“三税”税额之间的比率。城市维护建设税按纳税人所在地的不同，设置了三档地区差别比例税率，即：

（1）纳税人所在地在市区的，税率为7％。

（2）纳税人所在地在县城、镇的，税率为5％。

（3）纳税人所在地不在市区、县城或镇的，税率为1％。

按照规定，企业缴纳城市维护建设税的适用税率，一律按其纳税所在地的规定税率执行。县政府设在城市市区的，县属企业按市区的规定税

率征税。纳税人所在地为工矿区的，应根据行政区划分别按照7%、5%、1%的税率计算纳税。

需要注意的是，受托方代扣代缴“三税”的纳税人或流动经营等无固定纳税地点的纳税人，按受托方所在地或流动经营地适用税率计算代扣代缴城建税。

◆ 城市维护建设税的计算方法

城市维护建设税的应纳税额大小由纳税人实际缴纳的“三税”税额决定的，但不包括纳税人违反“三税”有关税法规定而加收的滞纳金和罚款。城建税应纳税额的计算公式为：

应纳税额＝计税依据×税率

＝企业实际缴纳的增值税、消费税、营业税之和×税率

相关知识

◆ 城市维护建设税的减免税规定

城建税原则上不单独减免，但因城建税具有附加税性质，当主税发生减免时，城建税也相应发生减免。城建税的税收减免主要有以下几种情况。

(1) 城建税按减免后实际缴纳的“三税”税额计征，即随“三税”的减免而减免。对于因减免税而需要进行“三税”退库的，城建税也可同时退库。

(2) 对“三税”实行先征后返、先征后退、即征即退办法的，除另有规定外，对随“三税”附征的城建税，一律不予退(返)还。

(3) 对于由于减征、免征增值税、消费税、营业税而发生的退税，同时退还已经缴纳的城市维护建设税。海关对进口产品代征增值税、消费税的，不征收城建税。对出口产品退还增值税、消费税的，不退还已缴纳的城建税。

(4) 对青藏铁路公司取得的运输收入、其他业务收入免征城建税。

注意，对“三税”实行先征后返、先征后退、即征即返办法的，除另有规定外，对随“三税”附征的城市维护建设税，一律不予退(返)还。

自2010年5月25日起，决定对国家重大水利工程建设基金免征城市维护建设税和教育费附加。

实例详解

【例 6-1】 某县城生产化妆品的生产企业(增值税一般纳税人)2010 年 10 月缴纳增值税 12 万元、消费税 28 万元,补缴上月应纳消费税 2 万元。当月取得出口退还增值税 5 万元,获批出口免抵增值税 4 万元、缴纳进口关税 7 万元、进口增值税 21 万元、进口消费税 12 万元。计算本月应纳的城建税。

【分析】 城建税按实际缴纳的"三税"税额计算,且进口不征、出口不退,出口免抵增值税也要计算缴纳城建税。

应纳城建税=(12+28+2+4)×5%=2.3(万元)

【例 6-2】 某地处市区的企业,2010 年 1 月实际缴纳增值税 25 万元、消费税 35 万元、营业税 10 万元。计算该企业应纳的城市维护建设税。

【分析】 应纳税额=(25+35+10)×7%=4.9(万元)

【例 6-3】 某地处县城的私营企业,2010 年 9 月转让土地使用权取得收入 245 万。补缴上月漏报的营业税 2 万元和滞纳金及罚款 0.35 万元。计算该纳税人当月应纳的城建税。

【分析】 应纳税额=(245×5%+2)×5%=0.7(万元)

【例 6-4】 大连市西岗市区一家企业 2010 年 6 月实际缴纳增值税 500 000 元,缴纳消费税 300 000 元,缴纳营业税 300 000 元。计算该企业应纳的城建税额。

【分析】 应纳的城建税额=(500 000+300 000+300 000)×7%=77 000(元)

由于城市维护建设税实行纳税人所在地差别比例税率,所以在计算应纳税额时,应十分注意根据纳税人所在地来确定适用税率。

实战训练

一、单项选择题

1. 城市维护建设税的计税依据是(　　)。

A. 纳税人实际缴纳的产品税、消费税、增值税、营业税之和

B. 纳税人实际缴纳的消费税、增值税、营业税之和

C. 纳税人实际缴纳的消费税、增值税、营业税、罚款之和

D. 纳税人实际缴纳的增值税、营业税、滞纳金之和

2. 下列项目属于城市维护建设税计税依据的是(　　)。

A. 外国企业在华机构缴纳的增值税

B. 内资企业拖欠营业税加收的滞纳金

C. 个体工商户偷税被处的增值税罚款

D. 个体工商户偷逃的增值税税金

3. 某国有企业，2009 年 7 月实际缴纳消费税税额 20 万元，增值税税额 10 万元。则应纳的城市维护建设税税额为（　　）。

A. 1.5 万元　　B. 2.1 万元

C. 0.3 万元　　D. 不纳税

4. 对无固定纳税地点、进行流动经营的单位和个人，城市维护建设税计算缴纳的正确方法是（　　）。

A. 在住所所在地并按当地适用税率计算

B. 在住所所在地但按经营地适用税率计算

C. 在经营地并按当地适用税率计算

D. 在经营地但按住所所在地适用税率计算

5. 某企业位于县城，2005 年 1 月拖欠消费税 50 万元，经查出后补交了拖欠的消费税，同时加罚滞纳金和罚款合计 10 万元，该企业应纳城建税（　　）万元。

A. 0.4　　B. 2.1

C. 2.5　　D. 2.9

6. 在北京依法登记的流动经营商贩李某，7 月在西安市缴纳增值税，则其城市维护建设税应在（　　）缴纳。

A. 西安缴纳按西安的适用税率计算

B. 北京缴纳按北京的适用税率计算

C. 西安缴纳但按北京的适用税率计算

D. 北京缴纳但按西安的适用税率计算

7. 发生下列经济行为缴纳流转税时，不同时缴纳或代扣代缴城市维护建设税的是（　　）。

A. 某商场销售化妆品　　B. 某工厂受托加工化妆品

C. 某工厂销售自产化妆品　　D. 某单位购买化妆品

8. 城建税按（　　）的不同设置三档适用税率。

A. 纳税人规模　　B. 纳税人身份

C. 纳税人所在地区　　D. 税务机关的要求

9. 某个没有固定纳税地点的经营单位进行的是流动经营，如果在经营地缴纳增值税、消费税、营业税的，城市维护建设税的缴纳应当按（　　）的税率进行计算。

A. 单位负责人的居住地

B. 此单位上级主管部门所在地

C. 经营地

D. 主管税务机关具体指定的地点

10. 下列情况中,可以单独免征城市维护建设税的是(　　)。

A. 下岗职工开办美发厅

B. 保险公司开展的1年期以上人身保险

C. 海关对进口产品代征增值税、消费税的

D. 经中国人民银行依法决定撤销的金融机构用其财产清偿债务时,转让货物、不动产、无形资产、有价证券、票据

二、多项选择题

1. 关于城市维护建设税的适用税率,下列表述正确的有(　　)。

A. 货运业按代开发票纳税人管理的纳税人,在代开货物运输业发票时一律按营业税税款7%预征城市维护建设税

B. 由受托方代收、代扣"三税"的纳税人可按纳税人缴纳"三税"所在地的规定税率就地缴纳城市维护建设税

C. 流动经营等无固定纳税地点的纳税人可按纳税人缴纳"三税"所在地的规定税率就地缴纳城市维护建设税

D. 铁道部应纳城市维护建设税按铁道部所在地税率统一为7%

2. 下列单位不需要缴纳城市维护建设税的是(　　)。

A. 只从事出口业务,且出口货物享受免、退的政策

B. 既从事出口又从事内销业务的单位

C. 进口货物自用的单位

D. 转销进口货物的单位

3. 城市维护建设税的税收减免规定包括(　　)。

A. 随"三税"的减免而减免

B. 随"三税"的退库也可退库

C. 按减免"三税"后实际缴纳的税额计征

D. 个别缴纳城市维护建设税有困难的,由税务总局批准给予减免

4. 城市维护建设税税率为地区差别比例税率,其地区的确定可以是(　　)。

A. 纳税人所在地适用税率

B. 缴纳"三税"所在地适用税率

C. 受托方代征代扣"三税"的,按委托方所在地适用税率

D. 经营地的适用税率

5. 下列可以作为城建税的计税依据的是(　　)。

A. 营业税　　B. 消费税

C. 增值税　　D. 流转税罚款

三、判断题

1. 城市维护建设税以纳税人实际缴纳的增值税、消费税、营业税及企业所得税税额为计税依据。(　　)

2. 城市维护建设税的税率为7%。(　　)

3. 纳税人按规定减免“三税”的,也相应减免城市维护建设税。(　　)

4. 增值税纳税人有未抵扣完的进项税,本期就不缴纳城建税了。(　　)

5. 海关对进口产品代征增值税、消费税的,不征收城建税。(　　)

四、计算题

1. 某市区一企业2009年7月实际缴纳增值税3万元,缴纳消费税4万元,缴纳营业税2万元。计算该企业应纳的城市维护建设税是多少?

2. 处在某大连市中山区的某内资企业2月份实际缴纳消费税5 000元,增值税15 000元,营业税1 000元,后经税务机关检查,其所缴营业税属免税项目应予以退税。计算该企业2月份应缴纳的城市维护建设税?

6.4　城市维护建设税的纳税申报及账务管理

要　点

纳税人在申报缴纳增值税、营业税、消费税时,应同时申报缴纳城建税。城建税的会计核算均应通过“应交税费——应交城建税”科目进行。

解　释

◆ **城市维护建设税的申报要求**

纳税人在申报缴纳增值税、营业税、消费税时,应同时申报缴纳城建税,并填报《地方各税通用申报表》、《城市维护建设税纳税申报表》。

◆ 城市维护建设税的纳税环节

城市维护建设税的纳税环节，是指城建税法规定的纳税人应当缴纳城建税的阶段。城建税的纳税环节实际上就是纳税人缴纳“三税”的环节。纳税人只要发生“三税”纳税义务，就要在同样的环节，分别计算缴纳城市维护建设税。

◆ 城市维护建设税的纳税期限

由于城市维护建设税由纳税人在缴纳“三税”时同时缴纳的，所以其纳税期限分别与“三税”的纳税期限一致。根据《增值税法》和《消费税法》规定，增值税、消费税的纳税期限均分别为 1 日、3 日、5 日、10 日、15 日或者 1 个月；根据《营业税法》规定，营业税的纳税期限分别为 5 日、10 日、15 日或者 1 个月。增值税、消费税、营业税的纳税人的具体纳税期限，由主管税务机关根据纳税人应纳税额大小分别核定；不能按照固定期限纳税的，可以按次纳税。

◆ 城市维护建设税的纳税地点

城市维护建设税以纳税人实际缴纳的增值税、消费税、营业税税额为计税依据，分别与“三税”同时缴纳，所以，“三税”的纳税地点就是城市维护建设税的纳税地点。此外，需要注意以下情形的纳税地点。

(1) 代扣代缴的纳税地点。代征、代扣代缴增值税、消费税、营业税的企业单位，同时也要代征、代扣代缴城市维护建设税，其城市维护建设税的纳税地点在代扣代收地。

(2) 跨省开采的油田，下属生产单位与核算单位不在一个省内的，其生产的原油，在油井所在地缴纳增值税，其应纳税款由核算单位按照各油井的产量和规定税率，计算汇拨各油井缴纳。所以，各油井应纳的城市维护建设税，应由核算单位计算，随同增值税一并汇拨油井所在地，由油井在缴纳增值税的同时，一并缴纳城市维护建设税。

(3) 对管道局输油部分的收入，由取得收入的各管道局于所在地缴纳营业税。所以，其应纳城市维护建设税，也应由取得收入的各管道局于所在地缴纳营业税时一并缴纳。

(4) 银行的纳税地点。各银行缴纳的城市维护建设税，均由取得业务收入的核算单位在当地缴纳。

(5) 对流动经营等无固定纳税地点的单位和个人，应随同“三税”在经营地按适用税率缴纳。

◆ **城市维护建设税的纳税申报表的填写**

城市维护建设税纳税申报表，如表6-1所示。

表6-1 城市维护建设税纳税申报表

填表日期： 年 月 日

纳税人识别号 □□□□□□□□□□□□□□□ 金额单位：元(列至角分)

<table>
<tr><td>纳税人名称</td><td colspan="3"></td><td>税款所属时间</td><td></td></tr>
<tr><td>计税依据</td><td>计税金额</td><td>税 率</td><td>应纳税额</td><td>已纳税额</td><td>应补(退)税额</td></tr>
<tr><td>1</td><td>2</td><td>3</td><td>4＝2×3</td><td>5</td><td>6＝4－5</td></tr>
<tr><td>增值税</td><td></td><td></td><td></td><td></td><td></td></tr>
<tr><td>营业税</td><td></td><td></td><td></td><td></td><td></td></tr>
<tr><td>消费税</td><td></td><td></td><td></td><td></td><td></td></tr>
<tr><td>合 计</td><td></td><td></td><td></td><td></td><td></td></tr>
</table>

<table>
<tr><td colspan="2">如纳税人填报，由纳税人填写以下各栏</td><td colspan="4">如委托代理人填报，由代理人填写以下各栏</td><td>备 注</td></tr>
<tr><td rowspan="3">会计主管
(盖章)</td><td rowspan="3">纳税人
(公章)</td><td>代理人名称</td><td></td><td rowspan="2" colspan="2">代理人
(公章)</td><td rowspan="3"></td></tr>
<tr><td>代理人地址</td><td></td></tr>
<tr><td>经办人</td><td></td><td>电 话</td><td></td></tr>
<tr><td colspan="7">以下由税务机关填写</td></tr>
<tr><td>收到申报表日期</td><td colspan="2"></td><td colspan="2">接收人</td><td colspan="2"></td></tr>
</table>

填表说明：

(1) 本表适用于中国境内各类城市维护建设税纳税人填报。

(2) 纳税人识别号是纳税人在办理税务登记证时由主管税务机关确定的税务编码。

(3) 本表一式三联，第一联纳税人保存；第二联为收执联，由主管税务机关留存；第三联留税务机关计财部门做税收会计凭证。

◆ **城市维护建设税的账务处理**

1. 城市维护建设税的会计处理

城市维护建设税的核算由于其负债类科目和结算类会计科目与其他税种相同，这里只对其成本类科目做一说明。城市维护建设税的成本类科目与其正税——营业税或消费税是一致的，即在营业税核算中是使用"营业税金及附加"，在消费税核算中使用"销售税金及附加"。在增值税的核算中，由于增值税是价外税，它单独分离在成本之外。因此，城市维护建设税的成本类科目与增值税不一样。增值税通过"进项税额"、"销项税额"核算，而城市维护建设税和教育费附加通过"销售税金及附加"核算，这是需要加以区分的。

2. 城市维护建设税计提的会计处理

根据会计制度的规定，营业税纳税人在计提城市维护建设税时，借记“营业税金及附加税”，贷记“应交税费——应交城市维护建设税”；增值税和消费税纳税人在计提城市维护建设税时，借记“销售税金及附加”，贷记“应交税费——应交城市维护建设税”。

相关知识

◆ **城市维护建设税的征收管理**

城市维护建设税的征收管理、纳税环节、奖罚等事项，比照消费税、增值税、营业税的有关规定办理。

实例详解

【例 6-5】 某运输服务行业企业 2009 年 6 月 30 日计算出本月应缴纳营业税为 500 000 元，该企业地处市区，计算该企业应缴纳的城市维护建设税，8 月初向税务机关申报缴纳。计算本月应交城市维护建设税及会计分录。

【分析】 本月应交城市维护建设税为：

应纳税额＝500 000×7％＝35 000(元)

本月会计分录为：

借：营业税金及附加　　35 000

　　贷：应交税费——应交城市维护建设税　　35 000

实际缴纳时，企业应编制的会计分录为：

借：应交税费——应交城市维护建设税　　35 000

　　贷：银行存款　　35 000

【例 6-6】 大连市中山区某企业 2009 年 6 月 30 日计算出企业当月应缴纳的增值税为 45 000 元，应缴纳的消费税为 50 000 元，计算当月企业应缴纳的城市维护建设税，下月初缴纳城市维护建设税。

【分析】 本月应交城市维护建设税为：

应纳城市维护建设税额＝(45 000＋50 000)×7％＝6 650(元)

本月会计分录为：

借：营业税金及附加　　6 650

　　贷：应交税费——应交城市维护建设税　　6 650

(3) 企业实际缴纳城市维护建设税时,编制会计分录为:

借:应交税费——应交城市维护建设税 6 650

  贷:银行存款 6 650

【例 6-7】 某企业位于市区,7 月份缴纳增值税 50 万元、消费税 15 万元、营业税 4 万元。计算该企业应纳的城市维护建设税并做会计处理。

【分析】 应纳城市维护建设税=(50+15+4)×7%=4.83(万元)

计提税费时,会计处理为:

借:营业税金及附加 48 300

  贷:应交税费——应交城市维护建设税 48 300

缴纳税费时,会计处理为:

借:应交税费——应交城市维护建设税 48 300

  贷:银行存款 48 300

【例 6-8】 某企业本期实际应缴纳的增值税 400 000 元,消费税 241 000 元,营业税 159 000 元。该企业适用的城市维护建设税税率为 7%。试做该企业的会计处理。

【分析】 计算应纳的城市维护建设税:

应纳的城市维护建设税=(400 000+241 000+159 000)×7%=56 000(元)

借:营业税金及附加 56 000

  贷:应交税费——应交城市维护建设税 56 000

用银行存款上交城市维护建设税时:

借:应交税费——应交城市维护建设税 56 000

  贷:银行存款 56 000

【例 6-9】 某企业 2002 年 11 月末计算出当月应交的增值税为 68 000 元。该企业地处大连市。计算当月应纳城市维护建设税。

【分析】 应纳税额=68 000×7%=4 760(元)

则企业应做如下会计分录:

借:产品销售税金及附加 4 760

  贷:应交税费——应交城市维护建设税 4 760

企业于 12 月初按规定向税务机关申报纳税,缴纳城市维护建设税 4 760 元,则做如下会计分录:

借:应交税费——应交城市维护建设税 4 760

  贷:银行存款 4 760

【例 6-10】 某企业按照税务机关的规定分期预缴增值税和消费税,

每10日预缴一次，月终汇算清缴。2009年1月2日、12日、22日分别预缴增值税340 000元，消费税120 000元，同时预缴城市维护建设税的税额应为多少？

【分析】 应预缴城建税税额为：

应预缴城建税税额＝(340 000＋120 000)×7％＝460 000×7％＝32 200(元)

则企业按规定预缴时应做如下会计分录：

借：应交税费——应交城市维护建设税　　32 200

　　贷：银行存款　　32 200

月末，企业计算出企业当月实际应缴纳增值税为1 180 000元，消费税为420 000元，则实际应纳城市维护建设税为：

应纳税额＝(1 180 000＋420 000)×7％＝1 600 000×7％＝112 000(元)

则企业应做如下会计分录：

借：产品销售税金及附加　　112 000

　　贷：应交税费——应交城市维护建设税　　112 000

企业当月实际已预缴城市维护建设税96 600元，则12月2日企业与税务机关汇算时应补交其余未交税金＝112 000－96 600＝15 400(元)，则补交时做如下会计分录：

借：应交税费——应交城市维护建设税　　15 400

　　贷：银行存款　　15 400

【例6-11】 某餐饮企业2008年6月末算出本月应缴纳营业税为6 000元，该企业地处县城。计算本月应缴城市维护建设税并做会计分录。

【分析】 应纳税额＝6 000×5％＝300(元)

则企业应做如下会计分录：

借：营业税金及附加　　300

　　贷：应交税费——应交城市维护建设税　　300

7月初向税务机关申报缴纳城市维护建设税时做如下会计分录：

借：应交税费——应交城市维护建设税　　300

　　贷：银行存款　　300

【例6-12】 大连市某信用社2005年第二季度共实现利息收入3 600 000元。该信用社地处城市，则6月末信用社再计算本季度应纳城市维护建设税是多少？

【分析】 计税依据＝3 600 000×5％＝180 000(元)

应纳税额＝180 000×7％＝12 600(元)

则应做如下会计分录：

借：营业税金及附加 12 600

贷：应交税费——应交城市维护建设税 12 600

实际缴纳税款时做如下会计分录：

借：应交税费——应交城市维护建设税 12 600

贷：银行存款 12 600

实战训练

一、单项选择题

1. 个体工商户为一企业加工酒类产品，酒类产品的城市维护建设税应在(　　)缴纳。

A. 加工地　　B. 委托方所在地

C. 个体工商户所在地　　D. 双方协商

2. 地处某建制镇的一家加工企业为城区一烟丝厂加工烟丝，烟丝应纳城建税的纳税地点为(　　)。

A. 烟丝厂所在地　　B. 烟丝厂注册地

C. 加工厂所在地　　D. 双方协商

3. 下列关于城市维护建设税纳税地点不正确的是(　　)。

A. 纳税人直接缴纳"三税"的，在缴纳"三税"地缴纳城市维护建设税

B. 代扣、代征、代缴消费税、增值税、营业税的企业单位，同时也要代征、代扣、代缴城市维护建设税。如果没有代扣城市维护建设税的，应由纳税单位或个人到所在地申报缴纳

C. 县级以上各级银行直接经营业务取得的收入，由各级银行分别在所在地缴纳

D. 县和设区的市，由县支行或区办事处按所属营业所的所在地计算缴纳

4. 下列各项中，应退城市维护建设税的是(　　)。

A. 退还纳税人因计算错误多缴纳的营业税

B. 退还纳税人出口货物的增值税

C. 退还纳税人多缴纳的企业所得税

D. 退还外商享受减免的营业税

5. 目前采用超率累进税率的税种是(　　)。

A. 个人所得税　　B. 土地增值税

C. 契税　　　　　　　　　　D. 城市维护建设税

二、多项选择题

1. 符合城市维护建设税纳税地点规定的有(　　)。

A. 取得输油收入的管道局,为管道局所在地

B. 流动经营无固定地点的单位,为单位注册地

C. 流动经营无固定地点的个人,为居住所在地

D. 代扣代缴“三税”的单位和个人,为代扣代缴地

2. 下列各项中,可以作为城市维护建设税计税依据的有(　　)。

A. 纳税人滞纳营业税而加收的滞纳金

B. 纳税人享受减免税后实际缴纳的营业税

C. 纳税人偷逃增值税被处的罚款

D. 纳税人偷逃消费税被查补的税款

3. 北京某公司在深圳转让深圳某县城的一处房产,购进价 52 万元,转让价 65 万元,关于城市维护建设税下列正确的有(　　)。

A. 城市维护建设税在深圳缴纳

B. 城市维护建设税在北京缴纳

C. 城市维护建设税使用深圳的相应税率

D. 城市维护建设税为 0.0325 万元

4. 下列单位不需要缴纳城市维护建设税的是(　　)。

A. 只从事出口业务,且出口货物享受免并退的政策

B. 既从事出口又从事内销业务的单位

C. 进口货物自用的单位

D. 软件开发企业

三、判断题

1. 纳税人核算经营地点与缴纳“三税”地点不一致,应该在缴纳营业税的所在地统一缴纳城市维护建设税。(　　)

2. 城市维护建税的纳税义务发生时间与纳税期限和“三税”一致。(　　)

3. 各银行缴纳的城市维护建设税,均由取得业务收入的核算单位在当地缴纳。(　　)

4. 纳税人只要发生“三税”纳税义务,就要在同样的环节,分别计算缴纳城市维护建设税。(　　)

5. 纳税人在申报缴纳增值税、营业税、消费税时,不需要同时申报缴纳城市维护建设税。(　　)

四、计算题

1. 某私营企业位于市区，2009 年 6 月缴纳增值税 65 万元、消费税 12 万元、营业税 13 万元。请计算该企业应纳的城市维护建设税并做相应的会计处理。

2. 某农场 2010 年 4 月末计算出当月应交增值税 17 000 元，营业税 23 000 元，请计算该农场当月应纳城市维护建设税并做会计分录。

6.5 城市维护建设税节税技巧

要 点

纳税人在申报缴纳城市维护建设税款的过程，主要利用延期申报、计税依据、税收优惠政策进行节税。

解 释

◆ **减少计税依据的节税技巧**

城市维护建设税以纳税人实际缴纳的增值税、营业税、消费税的税额为计税依据，征、减、免、退、罚都随“三税”同步进行，所以纳税人是否缴纳城市维护建设税以及缴纳多少直接取决于这三种税的缴纳状况。如果纳税人能够享受“三税”减免，那么同时也能够按比例享受城建税的减免。因此，纳税人应进行“三税”的筹划，减少城市维护建设税的计税依据，从而达到减轻税负的目的。

◆ **利用地区税率差别的节税技巧**

城市维护建设税采用地区差别比例税率，根据纳税人所在城市、乡镇的规模及资金需要规定了高低不同的三档比例税率。纳税人所在地在城市市区的，税率为 7%；所在地在县城、建制镇的，税率为 5%；所在地不在市区、县城、建制镇的，税率为 1%。此外，税法规定，对受托方代征代扣城市维护建设税的纳税人，由受托方按其所在地适用的税率缴纳城市维护建设税。因此，企业应根据自身的实际情况，在不影响经济效益的前提下，避开高税率地区，选择低税率地区，以减轻城市维护建设税负担。

◆ **利用优惠政策的节税技巧**

城市维护建设的税收优惠主要是减免税。按照现税法规定，城市维护建设税的减免税规定主要有以下几点。

(1) 海关对进口产品征收增值税、消费税时,不同时征收城市维护建设税。

(2) 对于由于减征、免征增值税、消费税、营业税而发生的退税,同时退还已经缴纳的城市维护建设税。但对出口产品退还增值税、消费税时,不退还已经缴纳的城市维护建设税。

(3) 城市维护建设税由于是以纳税人实际缴纳的增值税、消费税、营业税为计税依据,并随同增值税、消费税、营业税征收的。因此,减免增值税、消费税、营业税也就意味着减免城市维护建设税,所以城市维护建设税一般不能单独减免。但是如果纳税人确有困难需要单独减免的,可以由省级人民政府酌情给予减税或者免税照顾。

(4) 外商投资企业和外国企业暂不征收城市维护建设税。因此,企业可选择吸收外商直接投资的方式,或创建中外合资、合作经营企业,也可以达到节税的目的。

实例详解

【例 6-13】 某机械厂拟委托加工一批机器部件,有两家工厂可供选择,位于市区的 A 工厂和位于县城的 B 工厂,两家生产设备、工艺水平、加工费用都基本相同。假定两家工厂计算受托加工机器部件而代扣代缴的消费税都为 18 万元。请问企业选择哪家工厂可以达到节税目的?

【分析】 两家工厂须同时代征代扣城建税:

A 工厂为:180 000×7%=12 600(元)

B 工厂为:180 000×5%=9 000(元)

在这种情况下,显然企业应选择委托位于县城的 B 工厂。

实战训练

一、单项选择题

1. 下列说法正确的是(　　)。

A. 纳税人所在地在城市市区的,税率为 7%

B. 纳税人所在地在县城、建制镇的,税率为 10%

C. 纳税人所在地不在市区、县城、建制镇的,税率为 5%

D. 由受托方代征代扣城市维护建设税的纳税人,由受托方按委托方所在地适用的税率缴纳城市维护建设税

2. 下列哪项不是城市维护建设税的节税筹划技巧?(　　)

A. 利用减少计税依据的方法进行节税筹划

B. 利用地区税率差别的方法进行节税筹划

C. 利用等价交换的方式进行节税筹划

D. 利用优惠政策进行节税筹划

二、多项选择题

1. 企业可以采取下列哪些方式达到节税目的？(　　)

A. 吸收外商直接投资的方式

B. 创建中外合资

C. 合作经营企业

D. 增资扩股

2. 城市维护建设税的节税筹划技巧包括(　　)。

A. 利用减少计税依据的方法进行节税筹划

B. 利用地区税率差别的方法进行节税筹划

C. 利用等价交换的方式进行节税筹划

D. 利用优惠政策进行节税筹划

三、判断题

1. 纳税人如果享受“三税”减免，但不一定可以享受城市维护建设税的减免。(　　)

2. 外商投资企业和外国企业暂不征收城市维护建设税。(　　)

3. 企业应根据自身的实际情况，在不影响经济效益的前提下，避开高税率地区，选择低税率地区，可以减轻城市维护建设税负担。(　　)

4. 受托方代征代扣城市维护建设税的纳税人，由受托方按委托方所在地适用的税率缴纳城市维护建设税。(　　)

5. 企业可选择吸收外商直接投资的方式，或创建中外合资、合作经营企业，可以达到节税的目的。(　　)

四、问答题

某汽车厂拟委托加工一批汽车零部件，有甲、乙两家工厂可供选择。甲工厂位于市区，乙工厂位于县城。两家生产设备、工艺水平、加工费用都基本相同。假定两家工厂计算受托加工汽车零部件而代扣代缴的消费税都为28万元。请问企业选择哪家工厂可以达到节税目的？

附　录

附录1　中华人民共和国印花税暂行条例

（国务院令[1988]第11号）

第一条　在中华人民共和国境内书立、领受本条例所列举凭证的单位和个人，都是印花税的纳税义务人（以下简称纳税人），应当按照本条例规定缴纳印花税。

第二条　下列凭证为应纳税凭证：

（一）购销、加工承揽、建设工程承包、财产租赁、货物运输、仓储保管、借款、财产保险、技术合同或者具有合同性质的凭证；

（二）产权转移书据；

（三）营业账簿；

（四）权利、许可证照；

（五）经财政部确定征税的其他凭证。

第三条　纳税人根据应纳税凭证的性质，分别按比例税率或者按件定额计算应纳税额。具体税率、税额的确定，依照本条例所附《印花税税目税率表》执行。

应纳税额不足一角的，免纳印花税。

应纳税额在一角以上的，其税额尾数不满五分的不计，满五分的按一角计算缴纳。

第四条　下列凭证免纳印花税：

（一）已缴纳印花税的凭证的副本或者抄本；

（二）财产所有人将财产赠给政府、社会福利单位、学校所立的书据；

（三）经财政部批准免税的其他凭证。

第五条　印花税实行由纳税人根据规定自行计算应纳税额，购买并一次贴足印花税票（以下简称贴花）的缴纳办法。

为简化贴花手续，应纳税额较大或者贴花次数频繁的，纳税人可向税务机关提出申请，采取以缴款书代替贴花或者按期汇总缴纳的办法。

第六条　印花税票应当粘贴在应纳税凭证上，并由纳税人在每枚税票的骑缝处盖戳注销或者画销。

已贴用的印花税票不得重用。

第七条　应纳税凭证应当于书立或者领受时贴花。

第八条　同一凭证，由两方或者两方以上当事人签订并各执一份的，应当由各方就所执的一份各自全额贴花。

第九条　已贴花的凭证，修改后所载金额增加的，其增加部分应当补贴印花税票。

第十条　印花税由税务机关负责征收管理。

第十一条　印花税票由国家税务局监制。票面金额以人民币为单位。

第十二条　发放或者办理应纳税凭证的单位，负有监督纳税人依法纳税的义务。

第十三条　纳税人有下列行为之一的，由税务机关根据情节轻重，予以处罚：

（一）在应纳税凭证上未贴或者少贴印花税票的，税务机关除责令其补贴印花税票外，可处以应补贴印花税票金额20倍以下的罚款；

（二）违反本条例第六条第一款规定的，税务机关可处以未注销或者画销印花税票金额10倍以下的罚款；

（三）违反本条例第六条第二款规定的，税务机关可处以重用印花税票金额30倍以下的罚款。

伪造印花税票的，由税务机关提请司法机关依法追究刑事责任。

第十四条　印花税的征收管理，除本条例规定者外，依照《中华人民共和国税收征收管理暂行条例》的有关规定执行。

第十五条　本条例由财政部负责解释；施行细则由财政部制定。

第十六条　本条例自1988年10月1日起施行。

附件：

印花税税目税率表

税　目	范　围	税　率	纳税义务人	说　明
1. 购销合同	包括供应、预购、采购、购销结合及协作、调剂、补偿、易货等合同	按购销金额0.3‰贴花	立合同人	
2. 加工承揽合同	包括加工、定作、修缮、修理、印刷、广告、测绘、测试等合同	按加工或承揽收入0.5‰贴花	立合同人	

（续 表）

税 目	范 围	税 率	纳税义务人	说 明
3. 建设工程勘察设计合同	包括勘察、设计合同	按收取费用0.5‰贴花	立合同人	
4. 建筑安装工程承包合同	包括建筑、安装工程承包合同	按承包金额0.3‰贴花	立合同人	
5. 财产租赁合同	包括租赁房屋、船舶、飞机、机动车辆、机械、器具、设备等	按租赁金额1‰贴花。税额不足1元的按1元贴花	立合同人	
6. 货物运输合同	包括民用航空、铁路运输、海上运输、内河运输、公路运输和联运合同	按运输费用0.5‰贴花	立合同人	单据作为合同使用的，按合同贴花
7. 仓储保管合同	包括仓储、保管合同	按仓储保管费用1‰贴花	立合同人	仓单或栈单作为合同使用的，按合同贴花
8. 借款合同	银行及其他金融组织和借款人（不包括银行同业拆借）所签订的借款合同	按借款金额0.05‰贴花	立合同人	单据作为合同使用的，按合同贴花
9. 财产保险合同	包括财产、责任、保证、信用等保险合同	按投保金额0.03‰贴花	立合同人	单据作为合同使用的，按合同贴花
10. 技术合同	包括技术开发、转让、咨询、服务等合同	按所载金额0.3‰贴花	立合同人	
11. 产权转移书据	包括财产所有权和版权、商标专用权、专利权、专有技术使用权等转移书据	按所载金额0.5‰贴花	立据人	
12. 营业账簿	生产、经营用账册	记载资金的账簿，按固定资产原值与自有流动资金总额0.5‰贴花。其他账簿按件贴花5元	立账簿人	

（续 表）

税 目	范 围	税 率	纳税义务人	说 明
13. 权利许可证照	包括政府部门发给的房屋产权证、工商营业执照、商标注册证、专利证、土地使用证	按件贴花 5 元	领受人	

附录 2 中华人民共和国房产税暂行条例

（国发[1986]90 号）

第一条 房产税在城市、县城、建制镇和工矿区征收。

第二条 房产税由产权所有人缴纳。产权属于全民所有的，由经营管理的单位缴纳。产权出典的，由承典人缴纳。产权所有人、承典人不在房产所在地的，或者产权未确定及租典纠纷未解决的，由房产代管人或者使用人缴纳。

前款列举的产权所有人、经营管理单位、承典人、房产代管人或者使用人，统称为纳税义务人（以下简称纳税人）。

第三条 房产税依照房产原值一次减除 10％至 30％后的余值计算缴纳。具体减除幅度，由省、自治区、直辖市人民政府规定。

没有房产原值作为依据的，由房产所在地税务机关参考同类房产核定。

房产出租的，以房产租金收入为房产税的计税依据。

第四条 房产税的税率，依照房产余值计算缴纳的，税率为 1.2％；依照房产租金收入计算缴纳的，税率为 12％。

第五条 下列房产免纳房产税：

一、国家机关、人民团体、军队自用的房产；

二、由国家财政部门拨付事业经费的单位自用的房产；

三、宗教寺庙、公园、名胜古迹自用的房产；

四、个人所有非营业用的房产；

五、经财政部批准免税的其他房产。

第六条 除本条例第五条规定者外，纳税人纳税确有困难的，可由省、自治区、直辖市人民政府确定，定期减征或者免征房产税。

第七条 房产税按年征收、分期缴纳。纳税期限由省、自治区、直辖市人民政府规定。

第八条 房产税的征收管理,依照《中华人民共和国税收征收管理法》的规定办理。

第九条 房产税由房产所在地的税务机关征收。

第十条 本条例由财政部负责解释;施行细则由省、自治区、直辖市人民政府制定,抄送财政部备案。

第十一条 本条例自1986年10月1日起施行。

附录3 中华人民共和国契税暂行条例

(国务院令[1997]第224号)

第一条 在中华人民共和国境内转移土地、房屋权属,承受的单位和个人为契税的纳税人,应当依照本条例的规定缴纳契税。

第二条 本条例所称转移土地、房屋权属是指下列行为:

(一)国有土地使用权出让;

(二)土地使用权转让,包括出售、赠与和交换;

(三)房屋买卖;

(四)房屋赠与;

(五)房屋交换。

前款第二项土地使用权转让,不包括农村集体土地承包经营权的转移。

第三条 契税税率为3%~5%。

契税的适用税率,由省、自治区、直辖市人民政府在前款规定的幅度内按照本地区的实际情况确定,并报财政部和国家税务总局备案。

第四条 契税的计税依据:

(一)国有土地使用权出让、土地使用权出售、房屋买卖,为成交价格;

(二)土地使用权赠与、房屋赠与,由征收机关参照土地使用权出售、房屋买卖的市场价格核定;

(三)土地使用权交换、房屋交换,为所交换的土地使用权、房屋的价格的差额。

前款成交价格明显低于市场价格并且无正当理由的,或者所交换土地使用权、房屋的价格的差额明显不合理并且无正当理由的,由征收机关参照市场价格核定。

第五条　契税应纳税额，依照本条例第三条规定的税率和第四条规定的计税依据计算征收。应纳税额计算公式：

应纳税额＝计税依据×税率

应纳税额以人民币计算。转移土地、房屋权属以外汇结算的，按照纳税义务发生之日中国人民银行公布的人民币市场汇率中间价折合成人民币计算。

第六条　有下列情形之一的，减征或者免征契税：

（一）国家机关、事业单位、社会团体、军事单位承受土地、房屋用于办公、教学、医疗、科研和军事设施的，免征；

（二）城镇职工按规定第一次购买公有住房的，免征；

（三）因不可抗力灭失住房而重新购买住房的，酌情准予减征或者免征；

（四）财政部规定的其他减征、免征契税的项目。

第七条　经批准减征、免征契税的纳税人改变有关土地、房屋的用途，不再属于本条例第六条规定的减征、免征契税范围的，应当补缴已经减征、免征的税款。

第八条　契税的纳税义务发生时间，为纳税人签订土地、房屋权属转移合同的当天，或者纳税人取得其他具有土地、房屋权属转移合同性质凭证的当天。

第九条　纳税人应当自纳税义务发生之日起10日内，向土地、房屋所在地的契税征收机关办理纳税申报，并在契税征收机关核定的期限内缴纳税款。

第十条　纳税人办理纳税事宜后，契税征收机关应当向纳税人开具契税完税凭证。

第十一条　纳税人应当持契税完税凭证和其他规定的文件材料，依法向土地管理部门、房产管理部门办理有关土地、房屋的权属变更登记手续。

纳税人未出具契税完税凭证的，土地管理部门、房产管理部门不予办理有关土地、房屋的权属变更登记手续。

第十二条　契税征收机关为土地、房屋所在地的财政机关或者地方税务机关。具体征收机关由省、自治区、直辖市人民政府确定。

土地管理部门、房产管理部门应当向契税征收机关提供有关资料，并协助契税征收机关依法征收契税。

第十三条 契税的征收管理,依照本条例和有关法律、行政法规的规定执行。

第十四条 财政部根据本条例制定细则。

第十五条 本条例自1997年10月1日起施行。1950年4月3日中央人民政府政务院发布的《契税暂行条例》同时废止。

附录4 中华人民共和国车船税暂行条例

(国务院令[2006]第482号)

第一条 在中华人民共和国境内,车辆、船舶(以下简称车船)的所有人或者管理人为车船税的纳税人,应当依照本条例的规定缴纳车船税。

本条例所称车船,是指依法应当在车船管理部门登记的车船。

第二条 车船的适用税额,依照本条例所附的《车船税税目税额表》执行。

国务院财政部门、税务主管部门可以根据实际情况,在《车船税税目税额表》规定的税目范围和税额幅度内,划分子税目,并明确车辆的子税目税额幅度和船舶的具体适用税额。车辆的具体适用税额由省、自治区、直辖市人民政府在规定的子税目税额幅度内确定。

第三条 下列车船免征车船税:

(一)非机动车船(不包括非机动驳船);

(二)拖拉机;

(三)捕捞、养殖渔船;

(四)军队、武警专用的车船;

(五)警用车船;

(六)按照有关规定已经缴纳船舶吨税的船舶;

(七)依照我国有关法律和我国缔结或者参加的国际条约的规定应当予以免税的外国驻华使馆、领事馆和国际组织驻华机构及其有关人员的车船。

第四条 省、自治区、直辖市人民政府可以根据当地实际情况,对城市、农村公共交通车船给予定期减税、免税。

第五条 车船税由地方税务机关负责征收。

第六条 车船税的纳税地点,由省、自治区、直辖市人民政府根据当地实际情况确定。

跨省、自治区、直辖市使用的车船，纳税地点为车船的登记地。

第七条　车船税的纳税义务发生时间，为车船管理部门核发的车船登记证书或者行驶证书所记载日期的当月。

第八条　车船税按年申报缴纳。具体申报纳税期限由省、自治区、直辖市人民政府确定。

第九条　车船的所有人或者管理人未缴纳车船税的，使用人应当代为缴纳车船税。

第十条　从事机动车交通事故责任强制保险业务的保险机构为机动车车船税的扣缴义务人，应当依法代收代缴车船税。

税务机关付给扣缴义务人代收代缴手续费的标准由国务院财政部门、税务主管部门制定。

第十一条　机动车车船税的扣缴义务人依法代收代缴车船税时，纳税人不得拒绝。

第十二条　各级车船管理部门应当在提供车船管理信息等方面，协助地方税务机关加强对车船税的征收管理。

第十三条　车船税的征收管理，依照《中华人民共和国税收征收管理法》及本条例的规定执行。

第十四条　本条例自2007年1月1日起施行。1951年9月13日原政务院发布的《车船使用牌照税暂行条例》和1986年9月15日国务院发布的《中华人民共和国车船使用税暂行条例》同时废止。

附：

车船税税目税额表

税　目	计税单位	每年税额	备　注
载客汽车	每辆	60元至660元	包括电车
载货汽车	按自重每吨	16元至120元	包括半挂牵引车、挂车
三轮汽车、低速货车	按自重每吨	24元至120元	
摩托车	每辆	36元至180元	
船舶	按净吨位每吨	3元至6元	拖船和非机动驳船分别按船舶税额的50%计算

注：专项作业车、轮式专用机械车的计税单位及每年税额由国务院财政部门、税务主管部门参照本表确定。

附录5 中华人民共和国车辆购置税暂行条例

（国务院令[2000]第294号）

第一条 在中华人民共和国境内购置本条例规定的车辆（以下简称应税车辆）的单位和个人，为车辆购置税的纳税人，应当依照本条例缴纳车辆购置税。

第二条 本条例第一条所称购置，包括购买、进口、自产、受赠、获奖或者以其他方式取得并自用应税车辆的行为。

本条例第一条所称单位，包括国有企业、集体企业、私营企业、股份制企业、外商投资企业、外国企业以及其他企业和事业单位、社会团体、国家机关、部队以及其他单位；所称个人，包括个体工商户以及其他个人。

第三条 车辆购置税的征收范围包括汽车、摩托车、电车、挂车、农用运输车。具体征收范围依照本条例所附《车辆购置税征收范围表》执行。

车辆购置税征收范围的调整，由国务院决定并公布。

第四条 车辆购置税实行从价定率的办法计算应纳税额。应纳税额的计算公式为：

应纳税额＝计税价格×税率

第五条 车辆购置税的税率为10％。

车辆购置税税率的调整，由国务院决定并公布。

第六条 车辆购置税的计税价格根据不同情况，按照下列规定确定：

（一）纳税人购买自用的应税车辆的计税价格，为纳税人购买应税车辆而支付给销售者的全部价款和价外费用，不包括增值税税款。

（二）纳税人进口自用的应税车辆的计税价格的计算公式为：

计税价格＝关税完税价格＋关税＋消费税

（三）纳税人自产、受赠、获奖或者以其他方式取得并自用的应税车辆的计税价格，由主管税务机关参照本条例第七条规定的最低计税价格核定。

第七条 国家税务总局参照应税车辆市场平均交易价格，规定不同类型应税车辆的最低计税价格。

纳税人购买自用或者进口自用应税车辆，申报的计税价格低于同类型应税车辆的最低计税价格，又无正当理由的，按照最低计税价格征收车辆购置税。

第八条 车辆购置税实行一次征收制度。购置已征车辆购置税的车辆，不再征收车辆购置税。

第九条　车辆购置税的免税、减税，按照下列规定执行：

（一）外国驻华使馆、领事馆和国际组织驻华机构及其外交人员自用的车辆，免税；

（二）中国人民解放军和中国人民武装警察部队列入军队武器装备订货计划的车辆，免税；

（三）设有固定装置的非运输车辆，免税；

（四）有国务院规定予以免税或者减税的其他情形的，按照规定免税或者减税。

第十条　纳税人以外汇结算应税车辆价款的，按照申报纳税之日中国人民银行公布的人民币基准汇价，折合成人民币计算应纳税额。

第十一条　车辆购置税由国家税务局征收。

第十二条　纳税人购置应税车辆，应当向车辆登记注册地的主管税务机关申报纳税；购置不需要办理车辆登记注册手续的应税车辆，应当向纳税人所在地的主管税务机关申报纳税。

第十三条　纳税人购买自用应税车辆的，应当自购买之日起 60 日内申报纳税；进口自用应税车辆的，应当自进口之日起 60 日内申报纳税；自产、受赠、获奖或者以其他方式取得并自用应税车辆的，应当自取得之日起 60 日内申报纳税。

车辆购置税税款应当一次缴清。

第十四条　纳税人应当在向公安机关车辆管理机构办理车辆登记注册前，缴纳车辆购置税。

纳税人应当持主管税务机关出具的完税证明或者免税证明，向公安机关车辆管理机构办理车辆登记注册手续；没有完税证明或者免税证明的，公安机关车辆管理机构不得办理车辆登记注册手续。

税务机关应当及时向公安机关车辆管理机构通报纳税人缴纳车辆购置税的情况。公安机关车辆管理机构应当定期向税务机关通报车辆登记注册的情况。

税务机关发现纳税人未按照规定缴纳车辆购置税的，有权责令其补缴；纳税人拒绝缴纳的，税务机关可以通知公安机关车辆管理机构暂扣纳税人的车辆牌照。

第十五条　免税、减税车辆因转让、改变用途等原因不再属于免税、减税范围的，应当在办理车辆过户手续前或者办理变更车辆登记注册手续前缴纳车辆购置税。

第十六条 车辆购置税的征收管理,依照《中华人民共和国税收征收管理法》及本条例的有关规定执行。

第十七条 本条例自2001年1月1日起施行。

附:

车辆购置税征收范围表

应税车辆	具体范围	注释
汽车	各类汽车	
摩托车	轻便摩托车	最高设计时速不大于50 km/h,发动机汽缸总排量不大于50 cm^3 的两个或者三个车轮的机动车
	二轮摩托车	最高设计车速大于50 km/h,或者发动机汽缸总排量大于50 cm^3 的两个车轮的机动车
	三轮摩托车	最高设计车速大于50 km/h,或者发动机汽缸总排量大于50 cm^3,空车重量不大于400 kg的三个车轮的机动车
电车	无轨电车	以电能为动力,由专用输电电缆线供电的轮式公共车辆
	有轨电车	以电能为动力,在轨道上行驶的公共车辆
挂车	全挂车	无动力设备,独立承载,由牵引车辆牵引行驶的车辆
	半挂车	无动力设备,与牵引车辆共同承载,由牵引车辆牵引行驶的车辆
农用运输车	三轮农用运输车	柴油发动机,功率不大于7.4 kW,载重量不大于500 kg,最高车速不大于40 km/h的三个车轮的机动车
	四轮农用运输车	柴油发动机,功率不大于28 kW,载重量不大于1500 kg,最高车速不大于50 km/h的四个车轮的机动车

注:表中50 cm^3=50立方厘米。

附录6 中华人民共和国城市维护建设税暂行条例

(国发[1985]19号)

第一条 为了加强城市的维护建设,扩大和稳定城市维护建设资金的来源,特制定本条例。

第二条 凡缴纳产品税、增值税、营业税的单位和个人,都是城市维护建设税的纳税义务人(以下简称纳税人),都应当依照本条例的规定缴纳城市维护建设税。

第三条　城市维护建设税,以纳税人实际缴纳的产品税、增值税、营业税税额为计税依据,分别与产品税、增值税、营业税同时缴纳。

第四条　城市维护建设税税率如下:

纳税人所在地在市区的,税率为7%;

纳税人所在地在县城、镇的,税率为5%;

纳税人所在地不在市区、县城或镇的,税率为1%。

第五条　城市维护建设税的征收、管理、纳税环节、奖罚等事项,比照产品税、增值税、营业税的有关规定办理。

第六条　城市维护建设税应当保证用于城市的公用事业和公共设施的维护建设,具体安排由地方人民政府确定。

第七条　按照本条例第四条第三项规定缴纳的税款,应当专用于乡镇的维护和建设。

第八条　开征城市维护建设税后,任何地区和部门,都不得再向纳税人摊派资金或物资。遇到摊派情况,纳税人有权拒绝执行。

第九条　省、自治区、直辖市人民政府可以根据本条例,制定实施细则,并送财政部备案。

第十条　本条例自1985年度起施行。

参考文献

[1] 张学诞.中国财产税研究[M].北京：中国市场出版社,2007.

[2] 张晓婷.行为税研究[M].北京：北京师范大学出版社,2011.

[3] 宋效中.企业纳税筹划[M].北京：机械工业出版社,2007.

[4] 曾建斌.小税种业务操作细节[M].广州：广东经济出版社,2005.

[5] 安仲文.税法[M].大连：东北财经大学出版社,2007.

[6] 翟继光.中小企业税收政策与税收筹划[M].北京：中国经济出版社,2006.